現役弁護士が書いた
思いどおりに他人を動かす

交渉・説得の技術

弁護士
谷原　誠

同文舘出版

まえがき

説得と交渉の技術は、あらゆる人に必要な技術である。

私たちは1日のうちに何度、説得と交渉が必要になるだろうか。私たちは通常意識していないが、そのような機会は少なくない。

ある男の例で見てみよう。

朝起きてリビングに行くと、高校生の娘がいたので、「おはよう」と声をかけるが、返事がない。無視されているのである。これまでに何度も「挨拶をしろ!」と怒鳴ったことがあったが、効果はゼロである。娘に挨拶をさせるには、どうしたらよいだろうか。

車で会社に行く途中、他の車と軽い接触事故を起こしてしまった。相手の車は黒塗りのベンツで、中からは、いかめしい顔つきの男が出てきて、「てめえ、どこ見て運転してんだ!」と怒鳴る。この状況を、どうやって無事に切り抜ければいいだろう。

会社に着くと、取引先から電話があった。先週取引をまとめたと思った案件について、取引先の稟議が通らなかったため、値引きを要求された。しかし、値段は、こちらの本社の稟議を取ってしまっているため、いまさら変更することはできない。取引先会社とどう交渉するか。また、本社をどう説得すればよいか。

疲れはてて家に帰ると、妻から、「家計が苦しいから、しばらく、毎月の小遣いを5万円から3万円に下げるからね」と通告された。「3万円なんて、無理に決まってるだろう!?」と抗議したが、「じゃあ、もっと高い給料もらってきなさいよ」と反撃された。男は小遣いを守るために、どのように妻と交渉すればよいだろうか。

これだけに限らないが、このようにたった1日のうちでも、説得と交渉の場面が何度もある。しかし、通常はあれこれ悩むばかりで、積極的に相手を動かしていこうと戦略を立てることは稀である。ところが、説得と交渉には技術があり、それが習得可能だったらどうだろうか。

本書では、私が弁護士として多数の人と交渉、説得する中で発見し、身につけてきた技術を公開する。場合によっては、これまでのあなたの意識を完全に転換する結果となるかもしれない。

しかし、他人を自分の思いどおりに説得し、交渉ごとでも自分に有利に解決することができたら、どんなにすばらしいことだろうか。間違いなく、人生がプラスに転じていくことだろう。

自分の人生は自分自身の力で切り開いていくべきである。その武器となるのが、説得と交渉の技術なのである。

2005年9月

谷原　誠

思いどおりに他人を動かす交渉・説得の技術●CONTENTS

2章 交渉の手順

3章 交渉をコントロールする

4章 相手の自尊心を尊重して説得する

5章

相手の心理を利用して説得しよう

装幀　藤瀬和敏
ＤＴＰ　シナプス

1章

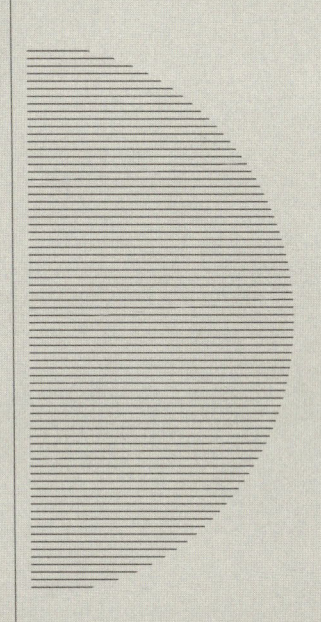

交渉の基本的な考え方

「裁判に勝つ」＝「人生に勝つ」ではない

私は、23歳で司法試験に合格し、25歳で弁護士になった。私は、弁護士はとにかく勝てばいいのだと考えていた。自分の主張を展開し、相手と戦って叩きのめすことにだけ、全力で集中した。少しでも相手が間違った主張をしようものならそれを攻撃し、相手が間違いを認めても、さらに一撃を加えた。相手が、弁護士会の先輩だろうが年寄りだろうが関係なかった。

私がまだ駆け出しだった頃、商取引の売掛金の請求事件を担当したときのことだ。私は原告代理人として売掛金を請求していた。相手方の弁護士は、年配の弁護士だった。その弁護士は訴訟の引き延ばしを図っているように見えた。

私は、和解相当事案だったと思ったが、相手の弁護士のやり方が気に入らず、「訴訟の引き延ばしじゃないですか。民事訴訟法にも反するし、弁護士として倫理的におかしいじゃないですか」と言ってやった。

すると、その弁護士は顔を真っ赤にして、「君、その言い方は失礼じゃないか！　何だと思ってるんだ！」とスゴい剣幕で怒鳴り返してきた。私は驚いたが、自分が正しいと思っていたので反論し、言い争った。

結局、その事件は、事件の筋としては和解相当事案だったが、弁護士同士がいがみ合ってしまったおかげで判決となった。私は勝つには勝ったが、相手の財産が発見できず、売掛金は回収できなかった。判決になれば、そうなることはわかっていた。しかし、私は自分の感情にとらわれて、冷静になることができなかった。

依頼者は、事件の解決を望んでおり、本件ではなるべく多額の売掛金の回収を望んでいた。しかし、私は自分の取るに足りない正義感のために、本来の目的を忘れてしまっていたのだ。その結果、私は訴訟には勝ったものの、弁護士としての仕事では敗北したのである。

またこれも、私が駆け出しの頃の話である。私は、土地の境界の争いで、原告の代理人として、国を相手に訴訟を行なっていた。私は全力で立証活動を行ない、勝訴判決を得た。私は大喜びで依頼者に報告した。

依頼者は、「それはよかった。これでこの土地は私のものですね」と聞いてきた。

私は、「土地の所有権はまた別です。改めて訴訟で確定しなければなりません」と答えた。

すると依頼者は、「そんなんじゃあ、意味がない。何のために頼んだかわからない」と言った。

私はこれには頭にきて、「裁判で、国に勝ったんですよ。何を言ってるんですか。私の苦労も知らずに」と言ってしまった。

すると、依頼者は猛烈に怒り出し、「何だと！　お前、生意気なことを言うんじゃない！」と怒鳴りはじめた。私はわけがわからなかった。訴訟の依頼を受けて訴訟に勝ったのに、なぜ怒鳴られなければならないのか、理解ができなかったのだ。

しかし、あとから考えてみると、依頼者が望んでいることを私が理解していなかったことがわかった。依頼者は、問題となった土地が自分の土地であることを証明し、売却したかったのだ。しかし私は、勝負に勝つことだけにこだわり、依頼者の真の望みを理解していなかったのである。

まだまだ私の失敗はあるが、多くの失敗を通して、私は考え方がまったく変わってしまった。私の仕事は、自分の考えを通すことでも、訴訟に勝つことでもない。依頼者の要望を満足させることなのだ。そう考えるようになってから、戦いは勝ち負けだけではないことが見えてきた。交渉の重要性、人を説得する重要性がわかってきたのだ。

その後、私はずっと人を説得することを考え続けている。そして、弁護士として、これまで多くの人と交渉し、説得してきたと自負している。その結果が本書である。

自分の主張だけするとどうなるか

ある離婚事件の交渉を見てみよう。結婚後10年の夫婦が離婚しようとしている。離婚原因は夫の浮気である。夫婦双方とも、離婚することには合意しているが、夫が妻に支払う慰謝料でもめているようである。

夫は、現在資力がないことを理由に、100万円の慰謝料を提示しているが、妻はそれでは満足できず、500万円の慰謝料を要求している。夫名義のマンションはあるが、完全に借金のほうが多く、財産分与の対象にはならない。

妻「100万円なんかで納得できるわけがないじゃない。私が、どれだけ苦しんだと思ってるの？」

夫「そんなこと言ったって、今、金がないことくらいわかってるだろう」

妻「自分が悪いのに、何を言ってるの？　500万円は払ってもらうわよ」

夫「無理だよ。どこからも借りられないし。とにかく100万円しか払えないよ」

妻「100万円じゃあ、引越代で終わって、全然慰謝料にならないじゃないの！　何とかしなさいよ！」

夫「じゃあ、友達から借りて、何とか150万円用意するよ。これで和解だ」

妻「冗談じゃないわよ。私のこれからの生活費はどうなるの？　150万円じゃあ、すぐになくなっちゃうじゃないの！　妥協するにしても450万円よ」

お金に関する交渉は、通常このように進む。自分の都合だけを考えているから、お互いに相手の事情などはおかまいなしだ。自分の事情だけを主張し合い、金額の妥協をし合って交渉が進行する。

金額の交渉をしはじめると、その金額にだけ集中してしまい、考え方に柔軟性がなくなってしまう。相手が何か言っているときは、次に自分は何を言うかだけを考えており、相手の話などは聞いていない。つまり、相手の言い分を理解しようとしていないのである。

しかし、それは当然である。妻は、夫の浮気のために精神的に傷ついた。今後の生活もある。だから、お金がほしいのである。それを主張するのは当然だろう。弁護士に相談したところ、慰謝料の相場は200万円から300万円程度だと言われているが、それでは、今後の生活のことを考えると心許ない。少なくとも、500万円はほしいところである。それでも自分は妥協したほうだ。夫が悪いのだから、それくらいは払って当たり前だ。

一方、夫はどうか。夫は自分が悪いとはわかっていても、資金手当ができずに払えない。だから、お金がなくて払えないと主張するのは当然だろう。その結果、自分の事情をわかってもらおうと、自分の主張をするのである。

また、感情的な反発もある。妻は、自分自身はまったく悪くないと信じている。相手が一方的に悪いにもかかわらず、わずか100万円の慰謝料ですませてしまうことは許せないはずだ。

逆に夫は、浮気をしたのは悪いとしても、妻にも原因があると思っている。それなのに、500万円も払うと、自分が一方的に悪いことを認めてしまうことになる。喧嘩両成敗ではないのか、というのがホンネだ。

しかし、自分が相手に対して、自分の事情をわからせようと必死になっているとするならば、相手もまた、自分のことを相手にわからせようと必死になる。

だとすると、自分が相手の事情などまったく考えていないのと同様、相手もこちらの話など、まったく耳を貸さなくなるだろう。キャッチボールをしているのではなく、手元にあるボールを、手当たりしだいに相手に投げつけているようなものである。相手はボールを受け取ってくれないのだから、あなたの要求も受け取ってはもらえないはずだ。

では、いったいどうすればいいのか？　脅すしかないのか。もちろん脅しも、場合によっては有効な交渉手段ではある。

しかし、脅さなくても解決することはできる。交渉と脅しはイコールではないのだ。

戦いの中で学んだ、感情的にならない交渉術

交通事故に遭って、怪我をして通院をした人がいた。加害者側からは、百戦錬磨の保険会社の担当者が出てきた。被害者は過失ゼロであり、まったく悪くない。痛くて通院している間は当然、保険会社が治療費や休業補償等を払ってくれるはずだと思っている。

ところが、3ヶ月経過したところで保険会社の担当者は、「保険会社の顧問医によると、あの受傷程度であれば、3ヶ月の治療で完治するはずだと言っている。もう治療を打ち切って示談にするべきだ。これ以上の治療は過剰な治療行為であり、損害賠償金の対象外になる」と圧

力をかけてきた。

被害者は、何がなんだかわからない。「私は被害者ではないのか。なぜ、こんな言われ方をしなければならないのか」。それに、まだ体は痛む。しかし知識がない。何をどうすればいいのかすらわからない。保険会社の言いなりになるしかないのだろうか。

このように、紛争があり、自分ではどうにも解決ができなくなったとき、人は弁護士に解決を依頼する。弁護士は、依頼人のために代理人となり、相手方と議論、交渉し、裁判まで行なう。戦うことによって、依頼人にとって最大限の利益を勝ち取るのが、われわれ弁護士の仕事となる。そのためには、依頼者の正当性を主張し続けることになる。

弁護士は保険会社の担当者に言う。「保険会社の顧問医は、実際に被害者を診ていないではないか。治療が不要だという、正式な診断を下す権限を持っていないはずだ。被害者の主治医によると、現在の症状は明らかに交通事故による外傷が原因であり、治療に、まだ1ヶ月は要すると判断している。したがって、これは正当な治療行為であり、治療は継続させてもらう」

このように、双方の主張は対立し、議論し合うことになる。

では、弁護士は、相手と言い争ってばかりいるのだろうか。実は、そんなことはない。むしろ、冷静に交渉していることのほうが多い。交渉に感情は邪魔だからだ。依頼者にしてみたら、自分のために顔を真っ赤にして怒鳴ってくれる人がいたら、さぞかし頼もしいはずだ。気持ちが晴れるはずだ。自分のために一所懸命やってくれていることが伝わるからだ。

しかし、感情的になることと結果を勝ち取ることとの間には、何の因果関係もない。考えてみていただきたい。怒りにうち震えているとき、冷静に計算することなどできるだろうか。悲しみにうちひしがれているとき、頭をフル回転させることができるだろうか。理性的な判断は感情には勝てない。

逆に言うと、感情的になったときには理性的な判断はできず、判断を誤ってしまう危険性があるのだ。感情的になっているときは、相手を叩きのめすことができれば満足だろう。しかし、あなたが得るものは何も残っていない、という状況も少なくない。

また、叩きのめされた相手は、あなたに恨みを抱いて復讐してくるかもしれない。怒りのために判断を誤ってはならない。

また、熟練した交渉者は、相手が怒鳴ろうと、机を叩こうと、泣き叫ぼうと、感情を乱されて理性的な判断を狂わせることがない。つまり、**怒鳴ったからと言って交渉を有利に運べるわけではなく、むしろ判断を誤る危険性のほうが大きい**のだ。

たしかに、弁護士があまりにも冷静すぎると、依頼人から見ると、冷たすぎる感じがするかもしれない。しかし、常に議論、交渉し、依頼者のために戦うということを繰り返す中でわれわれ弁護士は、依頼者に有利な結果を得るためには、感情的に言い争うことなく、常に冷静に交渉する方法がもっとも効果的であることを学んだのである。

交渉は勝ち負けではなく、問題を解決するだけ

交渉を、勝ち負けで考えている人は多い。先ほどの離婚の例で言うと、妻は、慰謝料を500万円にできれば交渉に勝ったと考えるだろうし、100万円で和解せざるを得なければ、交渉に負けたと考えるだろう。逆に夫は、500万円で和解したら負けたと考えるだろうし、100万円で和解したら、勝ったと考えるだろう。

もちろん、裁判で判決までいく場合には、裁判所が一刀両断で判断を下すため、勝ち負けがはっきりする。

判決の主文で、「被告（夫）は原告（妻）に対して、金500万円を支払え」となれば、妻の勝ちだ。しかし、夫が離婚の原因が実は妻にあると争って、判決が「原告（妻）の請求を棄却する」となると、夫の勝ちとなる。

しかし、交渉は第三者が判断を下すわけではなく、双方の合意を前提にしている。

ここで考えてみよう。あなたは交渉において、自分が負けたと認めるような内容で合意するだろうか。相手に勝たせたままで納得できるだろうか。できるわけがない。自尊心が許さないはずだ。そんな結果には、決して合意したくないはずだ。

しかし、それは相手も同じだ。だから**交渉において、どちらかが勝ったことが歴然と**

した内容では合意は成立しにくいのである。

では、交渉に向けての心構えはどうあるべきか。それは、勝ち負けという考え方を捨てることだ。これは重大な意識改革だが、とても大事なことである。最近、双方が勝つという意味で「WIN-WIN」交渉ということが言われる。双方が利益を得て勝利する結果をめざすということである。

しかし、このネーミングすら、勝ち負けを意識していると言える。「WIN-WIN」の結果が得られないとき、どのような解決方法を提示するというのか。

今後、交渉において意識しなければならないことは、**「交渉は勝ち負けではなく、ただ、自分の抱えている問題を解決するだけ」**ということだ。相手との勝ち負けではない。あなたの抱える問題を解決する過程で、相手が関わっているにすぎないのだ。

先の離婚の例で考えてみよう。妻は、夫の浮気によって深く傷ついた。もうこれ以上、夫と一緒に人生を歩むことはできないと決心した。気持ちが元に戻らない以上、お金をもらって新たな人生を切り拓いていくしかない。これからの自分の生活もある。これらが、妻が抱える問題である。

これを解決するために、交渉のテーブルに着くのである。夫に勝つか負けるか、という勝ち負けの問題ではなく、自分自身の問題なのである。夫と交渉しなければならないのは、その問題を解決するためには、夫から何かを得なければならないからだ。

夫のほうは、自分の浮気によって婚姻関係が破綻したから、やはり離婚したい。しかし、妻からは500万円の慰謝料を請求されている。しかし、自分には100万円しか用意できないし、金融機関からこれ以上借りることはできない。これが、夫が抱える問題点である。妻に勝つことが目的ではない。

ある人が、サラ金から多額の借金をしてしまい、毎月の返済が不可能になり、サラ金と返済額の交渉をすると仮定しよう。返済額を低く抑えたら勝ちで、サラ金が交渉に応じてくれなければ負けだろうか。

そうではない。現在、多額の借金があるが、収入から考えて毎月の支払が不可能という現実の問題を解決することこそが問題なのである。サラ金は、たまたま債権者だからこそ、この交渉に関わっているにすぎないのである。勝ち負けは考えないようにしよう。

このように交渉においては、自分自身の問題を解決することに焦点をあて、相手との勝ち負けは忘れてしまうべきである。それが交渉成立の前提条件となる。

交渉相手を「敵」と考えてはならない

さて、交渉における勝ち負けの概念から抜け出すことができただろうか。これはなかなかむずかしい。交渉においては、どうしても相手を敵と考えてしまう。弁護士になりたての私がそうだったように、相手を叩きのめさないと気がすまないし、相手から何か言われると、個人攻撃のように感じて、すぐにこちらも個人攻撃をしてしまう。

先ほどの離婚の例で、夫が100万円しか出せないと言ったとき、妻はどう感じただろう。

(自分が浮気をして家庭生活をメチャクチャにしておいて、100万円しか出せないなんて、いったいどういう神経かしら。自分が悪いと思っていないんじゃないかしら。私の傷ついた心なんて、どうでもいいと思ってるんだわ)

このように感じるはずだ。そして、さらにこう思うだろう。

(こうなったら、私と同じ苦しみを夫にも味あわせてやる)

これでは、交渉に入ったときの自分の問題から完全に離れて、感情の虜になってしまっている。このまま交渉が進んだらどうなるか。

当然、交渉は決裂して裁判になるだろう。仮に妻の主張が認められ、判決で離婚が命じられ、夫は妻に慰謝料として300万円を支払わなければならなくなったとする。しかし夫は、300万円も支払う能力がない。その場合、判決を持っているだけでは、妻は300万円を得ることはできない。強制執行をしなければならない。

妻は復讐の鬼と化しているから、夫を苦しめようとするだろう。夫の給料の差し押さえをするかもしれない。すると、夫の勤務する会社がそのようなことに対して厳しい会社だった場合、夫は会社にいられなくなってしまうかもしれない。

その結果、夫は会社をクビになり収入がなくなってしまう。妻は、夫の給料を差し押さえたのはいいが、夫が会社を辞めてしまえば、その差し押さえは、以後、何の意味もなくなってしまう。結局、300万円の慰謝料すら回収できなくなる可能性もある。

それで妻は満足するだろうか。妻は、夫に苦しみを与えようとして成功したが、はたしてそれで満足しただろうか。妻はこのように感じるだろう。

（あの人は、どこまで私を苦しめれば気がすむのかしら。浮気をして私を苦しめ、裁判で決まった慰謝料も支払わないなんて、人間のクズだわ）

つまり妻は、交渉の本来の目的を忘れて感情の虜になってしまい、夫に苦しみを与えたいという欲求に縛られた。その結果、夫に苦しみを与えることはできたが、それは満足な結果に終わるのではなく、よりいっそう、夫への憎しみを増加させただけで終わってしまった。

他方、夫も会社をクビにされ、妻を憎むことになるだろう。そして、「絶対に慰謝料など払うものか」と、心に誓うことだろう。

交渉を勝ち負けで考えた場合、この交渉の勝者はどこにもいない。だからこそ、交渉を勝ち負けで考えないことが大切なのである。交渉相手を、敵と考えないことである。むしろ、**自分が陥った状況を解決するためのパートナー**と考えるべきである。

もちろん、相手は自分がパートナーだなどとは考えていないだろう。しかし、それは気にする必要はない。

そもそも、戦うにも相手が必要だ。交渉相手の個人攻撃にあなたがまったく動じず、反撃の個人攻撃もせず、あなた自身の問題解決に集中していたら、相手はいつまでも個人攻撃を続けるだろうか。個人攻撃の応酬は、あなたが反撃しない以上、通常はいつまでも続くものではない。そして、個人攻撃の応酬が、交渉結果を有利に導くうえで効果があるとはとても考えられない。

キケロは、「汝は生きるために食べるべきで、食べるために生きるべきではない」と言った。目的と手段を取り違えてはならない。

古代ギリシャのイソップは、この原理について、次のような寓話を残している。

「ヘラクレスが旅をしていると、地上に何か出ていたので、踏みつぶそうとした。しかし、それが2倍の大きさになったので、もっと力を入れて踏みつけ、それから鉄の棒でなぐった。すると、それはもっと大きく膨れ上がって道を遮ったので、ヘラクレスは呆然としていた。すると、アテナが現われて彼に言った。『およしなさい、兄弟よ、人間の口論と同じです、人が相手にしないで放っておくと、最初のままで止まっていますが、相手にして争うと、このように脹れ上がります』」

相手が口論をしかけてきても、ヘラクレスのように、すぐに反応して踏みつけようとしてはならない。相手にしないで放っておき、目的達成に意識を集中することである。

立場が違うから交渉できる

交渉は、複雑に利害が絡み合った、異なる立場の者同士の間で行なわれる。離婚問題は、男と女というまったく異なる立場の者同士で行なわれる。労働争議での賃上げ交渉は、労働者と雇用主という異なる立場の者同士で行なわれる。そこでは、利害が鋭く対立する。

離婚問題では、子供の親権をどちらが取るか、養育費は毎月いくらにするのか、慰謝料はいくらか、財産分与はどうするかで争われる。

一般的に、妻は夫から多く得ようとし、夫はなるべく少なくすませようとする。労働争議では、労働者側は生活の問題があり、なるべく多くの賃上げを勝ち取ろうとし、雇用主側は、経費を抑えるため、賃上げを少なくしようとする。

このように、対立する利害がある者同士が交渉するからこそ、交渉はむずかしいのである。交渉が難航すると、解決の糸口がまったく見えなくなってしまう。「相手は自分のことばかりを考えて、まったくこちらのことを考えてくれない」と思えてくる。

しかし、逆の見方をすると、立場が異なるからこそ交渉し、合意できるとも言える。まったく同じニーズを持った者同士の交渉ほど、むずかしいものである。

たとえば、自動車を200万円で売買する場合、客は、その車が200万円という現金よりも価値があると思うから買うのであり、自動車販売会社は、その自動車よりも２００万円という現金のほうが価値があると思うから売るのである。双方とも、２００万円より自動車のほうが価値があると思っていたら売買は成立しない。

労働争議での賃上げ交渉にしても、ただ賃金の額だけが争点になると、その交渉はむずかしい。しかし、雇用主側で賃上げはむずかしいとしても、同価値の福利厚生を充実させることはできるかもしれない。それが、労働者側のニーズに合致するかもしれない。そうなると、交渉がまとまる可能性は高くなる。

交渉においては、利害が対立する様相を呈するため、合意にこぎ着けることが困難と感じやすい。立場が違いすぎて、合意できないのではないか、とさえ思えるときもある。

しかし、相手はあなたとは同じ立場にはいない。だから解決できる、と思わなければならない。相手の立場を認めることである。相手は、交渉している問題について、あなたとはまったく異なる角度から見ている。あなたと同じ角度から見ていたら交渉は成立しない。異なる角度から見ているからこそ、交渉が成立するのである。

有名なミカンの例を挙げよう。

姉妹がひとつのミカンを取り合っていた。話し合いがうまくいかなかったため、譲歩し合って、結局半分に分けた。分けたあと、姉は中身を捨てて皮でマーマレードをつくった。妹は、皮を捨てて中身を食べた。姉は、このミカンをマーマレードの原材料という角度から見ており、妹は、食べ物という角度から見ていたのである。

当然、この場合の最高の結果は、ミカン1個の全部の皮を姉が取り、全部の中身を妹が取ることである。このような結果は、姉妹のそれぞれが、ミカンを異なる角度から見ていたことによるものである。

ある空き店舗に対して、同時に2社から賃借の申し込みがあった。よい立地条件にある店舗だったため、2社はどちらも譲らなかった。2社はオーナーに、いったいどちらに貸すのかはっきりしてほしいと迫ったが、オーナーとしては、同時に申し込みがあった以上、どちらも選べないから話し合ってくれと言った。

しかし、2社から話を聞いてみると、1社はクラブをやりたいとのことで、別の1社はホストクラブをやりたいということだった。クラブの営業時間は午後7時から午前0時であり、ホストクラブの営業時間は0時から朝の7時ということだった。

そこで、クラブの営業時間を午後7時から午後11時30分にしてもらって、ホストクラブの営業時間を0時30分からにしてもらって、その間に入れ替えをし、ひとつの店舗で二つの店に時間貸しして営業することになった。合計賃料は高くなったが、2社で負担するから、それぞれの負担する賃料は安くなった。内装費も折半したため安くなった。オーナーは、普通に1社に貸すより、多くの賃料を得ることができた。お互いのニーズが異なるがゆえに交渉が成立したのである。

ある夫婦が、夏の旅行先について交渉をしている。夫は北海道を希望し、妻は沖縄を希望している。しかしここで、お互いが妥協して、間を取って大阪や四国にしてはならない。夫は新鮮な魚が食べたいし、妻は海でのんびりしたいからだ。

だとすると、新鮮な魚が食べられ、かつ海でのんびりできる場所を探せばいい。沖縄でも新鮮な魚はある。双方のニーズが満たされる場所に旅行に行けばいいのだ。物事は二者択一ではない。また何も、必ず間を取らなければならないことはない。

このように、立場が異なる者同士の交渉だからこそ、よい結果が生まれることがある。相手の利害や根本的なニーズを素早く、しかも正確に見抜くことが大切である。

WIN-WIN交渉は成立するか

先ほども出たが、最近、「WIN-WIN交渉」という言葉をよく聞く。交渉当事者の双方が勝つ、という概念である。先ほども言ったように、私は交渉において、勝ち負けという概念自体を捨てたほうがいいと思っているので、双方ともが勝つという概念も使用したくない。

ところで、「WIN-WIN交渉」がめざすように、双方が満足する結果は常にめざせるものだろうか。先ほどのミカンの事例では、一見、双方が満足を得たような様相を呈している。

しかし姉は、マーマレードをつくることが優先順位だったが、中身も食べたかったかもしれない。妹は、姉が「マーマレードをつくりたいから皮だけは全部ちょうだい」と言うのを聞いたら、自分もマーマレードがつくりたくなるかもしれない。実は、双方が満足しているかどうかは不明だ。人間の欲望はとても深い。

電気店で冷蔵庫を買う場合、店は5万円で売ろうとしているが、客は4万円で買いたいと思っている。間を取って4万5000円で売買が成立した場合、双方ともに譲歩したことになる。一方、値段は5万円にしたが、配送料、設置料、1年間の保証をサービスした場合、売値は店の希望どおりだが、他で損をしている。客は、他のサービスは得たが、1万円余分に予算を使っている。これは、両方が勝ったのか、あるいはどちらかが勝ったのか。それとも痛み分けになるのか判然としない。

離婚問題で子供がいた場合はどうだろうか。双方で親権を取り合っても、親権は一方にしか認められない。双方ともに親権をほしがったらどうするのか。親権を一方に譲る代わりに、お金で解決すればそれで満足だろうか。いくらお金をもらっても、子供に対する愛情に代えられるものではないだろう。親権は他方に譲るが、週に一度は会う権利を確保すれば満足できるだろうか。そうはならないだろう。離婚自体を踏み止まればいいのだろうが、そうすると、また他の困難な問題がいくつも発生してくるだろう。このような場合、どうすれば、双方が勝てるのだろうか。

このように交渉においては、双方が完全に満足を得るという結果を出すことはむずかしい。もちろん、私も双方が満足する結果をめざしたいと思っている。しかし、常にそのような結果になるわけではない。

では、どのように考えたらいいのか。

先ほども説明したように、交渉での心構えは、「自分の問題を解決すること」である。その限度で、相手が関わってきている。相手も満足する結果を求めるのは、そうすれば、こちらの提案に相手が合意しやすくなるからだ。とにかく、こちらが満足する提案に対して、相手を合意させることが目標なのだ。

私は自分自身で満足したいし、相手にも満足してほしいと願っている。私の依頼者である当事者は、相手を苦しめたいと思っているのが通常であり、その気持ちは十分わかる。しかし、そのような感情と交渉とは、別問題として考えなければならない。

ハーバード流交渉術とは

「WIN-WIN交渉」を検討したついでに、「ハーバード流交渉術」も検討してみよう。ハーバード流交渉術とは、ハーバード大学交渉学研究所で編み出された交渉術であり、次の4点に集約されると言われている。

①人と問題とを分離せよ

②立場ではなく、利害に焦点をあてよ

③行動について決定する前に、多くの可能性を考え出せ

④結果は、あくまでも客観的基準によるべきことを強調せよ

①の「人と問題とを分離せよ」というのは、人間の交渉が、感情に大きく左右されることに由来している。この点は賛成である。

本書でも繰り返し述べているが、人間の自尊心は強大であり、感情は、有利不利という合理的判断を瞬く間に蹴散らしてしまう。そこで、ハーバード流交渉術では、交渉に感情が入り込まないよう、人と問題を分離するよう、交渉をコントロールすることを推奨している。

しかし私も、相手をそのようにコントロールするように努力しているが、私の経験では、これはきわめてむずかしいところである。理性的な人はすぐに理解できるが、いつまでたってもこの考え方になじまない人もいるようだ。

②の「立場でなく利害に焦点をあてよ」というのは、交渉の過程で、いったん表明した立場に固執するなということである。

たとえば価格交渉において、いったん「500円だ」と表明した場合、それが立場となり、その後は、その500円を基準にして交渉が進行していく。つまり、買うほうが150円だと

言えば、売るほうは450円だ、と言うようなものである。

しかしそうなると、本来、その500円と言わしめていた根拠となる本来の利害（たとえば、手持ちの本を売って、新しい本を買いたい）に焦点がいかず、「たまたま、売主がほしがっていた本を相手が持っていて、売ろうとしている本と交換できる」というような、本来の利害を満足させる結論に到達できない。

③の「行動について決定する前に、多くの可能性を考え出せ」というのは、本書でも説明するが、緊迫した状況の中で視野を広げ、最善の結論に到達するための方策である。

④の「結果は、あくまでも客観的基準によるべきことを強調せよ」というのは、お互いのむき出しの意思に左右されることなく、市場価格、専門家の意見、慣習、法律等の客観的な基準によって結果を決めるべきだということである。相手方も、理性的にこれにしたがってくれるならば言うことはない。

ハーバード流交渉術は、実は民事事件における弁護士同士の交渉に親和性がある。つまり、弁護士の交渉の行き着くところは訴訟だが、訴訟は、原告や被告という人を問題にするのではなく、審理の対象はあくまで訴訟物、つまり金を払う義務があるかどうか、土地を引き渡す義務があるかどうかといった「問題」である。

そこでは、その人の立場は関係なく、あくまで権利義務に焦点があてられることになる。そして、訴訟提起をする前にあらゆる法的構成を考えて検討する。

また、訴訟で主張していくのは、法律及び判例という客観的基準である。「この見解は最高裁判例で確立されています。あなたの主張は通りませんよ」というのは、弁護士同士ではよく交わされる会話である。

だから、弁護士同士の交渉は、ハーバード流交渉術のように進んでいく場合が多い。しかし、すべてがそうだというわけではない。弁護士の背後には依頼者がいて、ハーバード流交渉術が依頼者の納得を得られるとは限らない。客観的基準によることを原則としながらも、どうしても感情や駆け引きを利用した交渉の要素が入ってくる。

特定の仲間同士で交渉し合っているのであれば、常に自分がハーバード流交渉術にしたがって交渉していれば他人にも伝わり、その仲間内ではハーバード流交渉術が主流となるだろう。

しかし、私たち弁護士は、あらゆる人と交渉しなければならず、しかも相手方と交渉するのは、その事件についてのみである場合が多い。

ハーバード流交渉術のように、「すべてがうまくいけばなぁ」とは思うが、そうは問屋がおろさないのが世の中である。

したがって、ハーバード流交渉術によって交渉することが望ましいとは思うが、現実には、私たちは、感情や駆け引きが入り乱れた交渉を行なっている。そして、そうである以上、感情や駆け引きを前提にしたテクニックも使用しているということになる。

感情と理性を区別する

弁護士同士の交渉は話が早い。なぜか。それは、弁護士は紛争の当事者ではなく、冷静に紛争を眺め、落とし所を見きわめていて、感情的になっていないからである。

本人同士だと、まずそうはいかない。離婚事件について、次のような展開になる。

妻「あなたの浮気が原因なんだから、まず謝りなさいよ」

夫「悪かった」

妻「何よ、その謝り方は。全然、気持ちがこもっていないじゃない！」

夫「何を言ってるんだ。お前だって部屋は散らかすし、家事だって満足にしてこなかったじゃないか！　俺は、うまく話し合いを進めるために謝っただけだ」

妻「あなた、自分が悪いと思ってないのね。だいたいあなたなんか、家事を手伝ったこともないじゃないの！　夫として最低よ！」

夫「何が最低だ。お前こそ最低の女だ！　こうなったらとことん争うぞ！」

といった感じだろうか。これでは解決するはずがない。交渉事項である、離婚するかどうか、慰謝料の金額はどうするか、財産分与はどうするか等について、何も話し合っていない。

交渉は、双方が納得し、合意することを最終的な目的にしている。納得して合意するということは、理性の働きである。しかし、理性は感情の力には勝てないのである。

先のように、個人攻撃の応酬を行ない、感情が表に立ってしまうと理性的な判断ができなくなり、当然、納得もできないということになる。相手のことがますます許せなくなり、憎しみの感情さえ芽生えてくる。したがって、交渉をするときは、決して感情的になってはならない。あくまで、自分の問題にだけ焦点をあて、問題解決を目標として集中しなければならない。

妻が感情的になって個人攻撃をしてきたとき、夫は妻を攻撃してはならない。感情の世界から、相手を理性の世界に引き込まなければならないのである。

たとえば、「君が受けた心の傷を考えると、いくら謝っても謝り足りない。だから今、こうして話し合いをしようとしている。どうだろう。俺がどんなに謝っても足りないとして、慰謝料がいくらだったら、少しでも心が癒せるだろうか」

もちろん、これだけでは妻を感情の世界から連れ出すことはできない。しかし、妻が感情的になっているときは、妻を感情の世界から連れ出す役割は、夫が担わなければならない。まず、理性的な交渉環境をつくるべく、妻と交渉するのである。

喧嘩をするときは感情的になってしまうものだが、**交渉では、決して感情の世界に足を踏み入れてはならない**。そして、相手が感情の世界に住んでいるときは、あなたがその感情の世界から、理性の世界に連れ出してあげなければならない。そうしなければ、交渉はまとまらないからだ。

相手を取り巻く環境を考える

1対1の交渉であっても、相手だけを見ていればいいというわけではない。相手の背後には、何人かがその交渉を見守っており、また、いくつもの会社や組織が絡んでいるのが通常だからだ。相手の交渉者は、その代表としてあなたの目の前に姿を現わしているのである。それを忘れてはならない。

昔、こんな事件があった。相続事件であり、私は相続人の1人から依頼を受け、女性の相続人と調停を行なっていた。私の依頼者の話によると、とくに姉妹の仲が悪いわけではなく、なぜこのような紛争に発展したのか不思議だと言う。

調停においても、相手方は、物わかりが悪いほうではなく、調停の席上では納得しているようなのだが、必ず結論を持ち帰って検討してくるという方法を取っていた。そして、次回来たときには、結論がひっくり返っており、また最初から話し合いがはじめられるのである。

調停の終盤になると、相手方に夫がついてくるようになった。そして、その夫が本人に指示し、調停を引っかき回していることがわかった。相手方は夫に縛られていたわけである。

したがって、その相手方だけを説得するのではなく、背後にいる夫を説得しなければ、調停は合意に至らなかったのである。

相続事件においては、このようなことはよくある。本人は納得しているが、配偶者が納得しないため合意できないという現象である。交渉者は、そのようなことも考えて交渉しなければならない。

銀行と返済条件変更の交渉をする場合、その担当者だけを、交渉の相手方として考えていてはならない。その担当者は、銀行の代理人であるとともに、銀行という組織の一員である。返済条件変更をする場合には、その担当者が決めるわけではなく、稟議書を書いて上司の決裁を受けなければならず、勝手な裁量は許されていないからだ。

したがって、ただ条件闘争をして、「返済条件を変更しろ。そうでなければ返済をストップする」などと強引な交渉をしても無駄である。銀行が受け入れたほうが得策と思えるような条件を提示し、かつその銀行の担当者が稟議書を書きやすいように資料を整えることが、交渉者としてなすべきことなのである。

弁護士が交渉人として登場してくる場合もそうだ。弁護士がすべての決定権限を持っており、弁護士が法的観点からすべてを決定するように思われるが、そうではない。弁護士の背後には依頼人がいて、依頼人の希望と最大限の利益をめざして交渉に臨んでいるのである。そして、その依頼者には、家族や組織の目が光っているのだ。その利害状況に目を配ることだ。

交渉をしているときには、どうしても目の前にいる相手方との関係だけに目を奪われがちになる。しかし、交渉において、あなたが決断するときには、自分の背後の複数の人々に気を遣うのではないだろうか。

だとすると、相手も背後にいる複数の人に気を遣っているはずだ。**その環境を見きわめ、相手が決断しやすいように状況を整えることが大切**である。常に、相手の背後にも目を配る優しさを持ちたい。その優しさが、自分にとって有利な結果を導くのである。

誤解を避ける細心の注意を

交渉相手は、あなたとは異なる立場から問題を見ていると述べた。そこで、注意しなければならないことがある。それは、あなたが言うことを、相手に誤解されないように注意を払わなければならない、ということだ。例を挙げよう。

ある会社の職場に短いスカートをはいてきた女性がいた。上司は、会社のクライアントには高齢の女性が多く、過去、女性社員が短いスカートをはいてきたとき、クライアントから苦情を言われたことを思い出した。

そこで上司は、女性社員に対して、もう少し長めのスカートをはいてもらいたいと考えた。しかし、あまり厳しく言っても逆効果と考えて、女性に対して、「○○ちゃん、今日はスカート短いねえ。ちょっと短すぎるんじゃないの？」と言ったところ、その女性社員は、この言葉をセクハラととらえ、社長に訴え出て大騒ぎとなった。

このように、言葉はむずかしいものである。こちらの意図したことが相手に伝わるとは限らず、親切で言ったことが悪意に取られることすらある。人間は、それぞれの人生経験から、偏見を通して物事を見ているからである。

しかし、誤解されたままでは、交渉がまとまるはずはない。まず、そうした誤解が生じないように気をつけなければならないし、誤解が生じたら、ただちにその誤解を解消しなければならない。

先の例では、女性社員のスカートの長さという微妙な問題なのだから、当然、セクハラとの関係を考えなければならない。上司としては、気を遣ったつもりだが、それが逆効果になってしまっている。

このようなときは、結論を最後に言うようにしなければならない。むしろ、結論を言わなくてもいいくらいにしたいものである。

「うちの会社のクライアントは、高齢の女性が多いことは知っているね。先月、ミニスカートをはいてきた女性社員を見たクライアントが、常識はずれだとずいぶん苦情を言われてね。困ってしまったよ。洋服は原則自由だが、そう感じるクライアントもいるということを考えて洋服を選択してくれ」とでも言えば、少なくともセクハラで訴えられることはないだろう。

逆に、相手の言葉を誤解しないように気をつけたい。すべての人が、ある程度の偏見を持っているものである。私もあなたも、やはり偏見に基づいて物事を見ており、相手の意図から踏み外して相手の言葉をとらえてしまう危険性がある。

そうすると、その誤解を前提に話が進んでいってしまうことにもなりかねない。これは危険だ。交渉は、相手にも納得させることであり、そのためには、相手の真意を知らなければならない。そこで、相手が何か言ったときは、まず、相手の言葉の真意を探ることである。

先ほどの女性社員も判断を誤っている。「スカートが短い」と言われた場合、常識で考えれば、「仕事上支障があるから、もう少し長いスカートをはきなさい」という趣旨に受け取ることができるはずだ。

女性社員は、「それは短いスカートが仕事上、好ましくないということですか？」とひと言確認していれば、誤解が生じることは防げたはずである。

偏見で、即座に反応しないように気をつけよう。物事の本質が見えなくなるからだ。

弁護士は、刑事事件のときは、とくに偏見を持たないように気をつけなければならない。日本では、警察が逮捕した場合、それはすでに真犯人であるかのように考えられている。実際、ほとんどがそうなのだが、なかには無罪になる者もいる。また刑事事件では、判決で有罪が確定するまでは無罪が推定されているのだ。

弁護士はそのような場合、一般の印象ではなく、無罪推定のもと、被疑者や被告人の弁護にあたることになる。偏見にとらわれ、被疑者や被告人を疑い、犯人であることを前提にして弁護してしまったらおしまいだ。弁護人失格である。職務を行なううえで、弁護士は、とくに偏見には注意しなければならないのだ。

偏見はすべての人にある。自分自身の偏見に注意し、相手の偏見に気を配ろう。

礼儀を失しない

交渉においては、交渉の相手方に対する礼儀を失しないように気をつける必要がある。いくら相手が、粗野で失礼な話し方をしてこようとも、あなたまでそれに乗ってはならない。あくまでも冷静に、礼儀を保って対処しなければならない。

そうでなければ、まずあなたが感情的になってしまう可能性がある。自分が感情的になってしまっては、適切な判断などできるはずがないからだ。

次に、礼儀を失すると、相手の自尊心を傷つけてしまう可能性がある。自尊心が傷つくと、損得は抜きになり、まとまる話もまとまらなくなってしまう。

私たち弁護士も、粗暴な相手方と交渉することがよくある。高利貸しに追い込まれた債務者の代理人として、高利貸しと電話で話をする場合、次のように話が進む。

弁護士　「債務者の○○の代理人の弁護士の谷原です」

高利貸し「何だ、お前は。弁護士なんかに用はねえんだよ」
弁護士「あなたのところは、利息制限法をはるかに超える利息を取っているから、これ以上は支払うことはできません」
高利貸し「何言ってんだ、この野郎。こっちだって商売でやってんだよ。○○が払わないなら、お前が払ってくれるのかよ」
弁護士「それはできません。法律上払う義務がないので、もう請求はお控えください」
高利貸し「お前が払えないなら、すっこんでろ。どうやっても払ってもらうからな」
弁護士「払うことはできません。受任した以上、私を通してください」
高利貸し「じゃあ、今からそっちに行くから待ってろ」
弁護士「お越しいただいても構いませんが、結論は変わりません。お越しになりますか？」
高利貸し「何とかならねえのか。少しくらい払え」
弁護士「弁護士が入った以上、それはできません。諦めてください」
高利貸し「じゃあ、いいよ。ちくしょう」（ガチャン）

相手は粗野で失礼な言葉遣いをするが、弁護士はそれに乗ってはならない。挑発に乗ったら相手の思うつぼである。それに、相手も売り言葉に買い言葉で、引っ込みがつかなくなってしまう。常に冷静に、自分の土俵で、礼を失しない言葉遣いをしなければならない。決して挑発に乗ってはならないのである。

次に、悪い例を見てみよう。

弁護士「債務者の○○の代理人の弁護士の谷原です」

高利貸し「何だ、お前は。弁護士なんかに用はねえんだよ」

弁護士「お前とは何ですか。あなたはきちんと話ができないのですか」（お前呼ばわりされたことでプライドが傷つき、本来の趣旨から離れ、相手の人格を問題にしてしまった）

高利貸し「何だと。お前、俺をバカにしてんのか？　話ができないとはどういうことだ！」（高利貸しも人格を問題にされ、当然プライドが傷つき、くってかかってくる）

弁護士「あんたのほうが、私のことをお前呼ばわりしてバカにしてるんだろう？」

高利貸し「何言ってんだ。お前こそ、あんた呼ばわりしてバカにしてんだろう。弁護士がそんな言葉遣っていいのか」

弁護士「あんたに丁寧な言葉なんか使う必要はないんだよ。とにかく、もう請求するんじゃないよ」

高利貸し「この野郎。こうなったら意地でも回収してやるぞ。今から○○の所に取立に行くから覚悟しとけ！　お前のせいだ！」（ガチャン）

このように、どのような相手であっても、礼を失すると自尊心が傷つき、冷静な判断ができなくなる。

その結果、本来の交渉事項から離れ、自分の自尊心やプライドを守るための戦いになってしまう。高利貸しは、自分の自尊心を守るために、どんな手段を使ってでもこの弁護士に一泡吹かせ、債務者から回収したいと思うことだろう。ただ単に礼儀を守るだけでいい。それだけで、無用なトラブルを回避することができるのだ。

相手を信頼して、主観的に答えを出さないこと

交渉は、お互いに自分が最大限有利になるように駆け引きをし合うものである。したがって、一方は常に他方の言動を疑うことになる。しかしそうなると、相手のすべての言動を疑うことになり、最終合意には達しにくくなる。

しかし、交渉の中で、一方が他方の信頼を得たらどうなるか。微妙な事項については、疑いが晴れるまで粘るというより、「この人物は信用できそうだ。この点は合意しても大丈夫だろう」という判断になる。

その意味で、私たちは相手の好感を得るように努力することになる。

しかし、逆の立場に立つと、私たちは人の信頼感の問題と交渉事項の問題とは厳密に分けて判断しなければならない。「この人は、信頼できるから嘘はつかないだろう。いちいち契約書に書かなくても大丈夫だろう」と思って、あとで泣きを見た人を何人も見てきている。

映画「ザ・エージェント」で、主演のトム・クルーズは、プロスポーツ選手の代理人役を演じているが、その中で、選手の父親から息子のチームとの交渉を任された。契約書を結ぼうとすると、その父親が「俺の言葉は岩よりも固い」という意味のことを言ったため、それを信じていた。

ところが、いざフタを開けてみるとその父親は、他の代理人と契約を結んでしまい、トム・クルーズは代理人からはずされてしまっていた。つまり、口約束だけで信用してしまったために、契約を逃してしまったわけだ。

交渉は、利害が異なる者同士が、自分に有利になるように、相手方を導こうとするプロセスである。いかに相手の人間性が信用できても、交渉対象とは完全に切り離して考えなければならない。

会社対会社の契約の問題で、担当者が信用できる人間で、「私を信用してください。悪いようにはしません」と言ったとする。たとえ、担当者が心の底から信用できる人間だとしても、その後、担当が変わったらどうするのか。また、担当者が会社を辞めてしまったらどうするのか。

新しい担当者からは、「前の担当者が何と言ったかは知りませんが、契約書ではこうなっています。あなたは契約書に印鑑を押したのだから、この契約書のとおりに実行してください」と言われるだろう。信用できる人はもう残っていない。残ったものは契約書しかない。**担当者**

という人の問題と契約という交渉事項の問題は、完全に分けて考えなければならないのである。

争点を絞り込もう

鈴木太郎（仮名）氏は、自宅の土地建物を残して死亡した。遺言書を作成していなかったため、その後、相続人の間で相続問題が発生し、不動産の取り合いがはじまった。そこでは、各不動産の価値をいくらと見積もるかが争点となった。

相続人は、長男の一郎氏と次男の次郎氏である。長男の一郎氏が、自宅の土地建物を取得して鈴木家を継ぎ、土地建物分の代金を次男の次郎氏に支払うこととなった。しかし、その代金額でもめているわけである。

一郎氏は、土地建物の価格を4500万円と主張している。その理由は、土地の代金を路線価で、建物の代金を当初購入価格から減価償却した代金で計算した結果である。ところが次郎氏は、6000万円以下では応じないという。理由は、過去に近隣で売れた土地建物の価格を参考に算出した価格である。

お互いの主張は平行線をたどったが、しだいに歩み寄りがはじまった。一郎氏は、4800

万円まで譲歩し、次郎氏は5700万円まで譲歩した。しかし、残りの900万円がなかなか埋まらない。

このような場合、エイヤッと半分で割って、5250万円で決着をつける方法もあるが、それで双方が納得するかどうかはわからない。交渉成立に確実に近づけていくためには、争点を絞り込むことが大切だ。

本件の場合のように、金額を算定するための方法として、複数の基準がある場合には、ある基準で金額を決定することを双方で合意してしまうことが、合意への近道となる。

これは、客観的で公正に定まった基準であれば、どの基準を取ってもかまわない。不動産の価格を決める場合には、不動産鑑定士に算定させる方法もある。

いったん算定基準を取り決めてしまえば、そこからあと戻りすることはなかなかできるものではない。あとは、だれが不動産鑑定士を選任するのか、あるいは複数の不動産鑑定士に算定させ、その平均を取るかなど、算定方法に争点が移っていく。

そして価格が出たら、次は支払期日や支払方法である。争点を絞り、常に先に進むのである。相手を攪乱するのが目的である場合以外は、交渉において行きつ戻りつしてはならない。ひとつずつ、合意への階段を確実に上っていくことだ。

裁判になった場合、双方が主張を尽くし、その結果に基づいて裁判所が判決を下す。控訴、上告という手続きはあるものの、当事者は、第三者たる裁判所が、法律という基準に基づいて公正に判断を下したことを尊重し、納得することも多い。このシステムを、合意によってつくり上げてしまおう、というのがこの交渉方法である。

この場合、どちらかの恣意によって金額が左右されるような基準を用いてはならない。双方から完全に独立した判断基準を採用しなければならない。交渉は、お互いの合意を必要とし、合意をするためには納得をしなければならない。相手の言い分に対して納得するより、双方から独立した判断基準にしたがったほうが、格段に納得しやすいものなのである。

交渉における外的要因（服装、交渉場所、環境）

交渉においては、外的要因にも注意を払いたい。たとえばわれわれ弁護士が、汚れたワイシャツにヨレヨレのスーツで交渉の場に臨んだら、はたして相手はどう思うだろうか。「この弁護士は、儲かっていないな。仕事もできないに違いない」と見下され、まとまる話もまとまらなくなるはずだ。人間が同じでも、きちんとしたスーツに身を包んでいれば、そのように誤解されることはない。

医者が患者に入院を勧めるのに、学生服を着ていたらどうだろう。間違いなく、患者は不安になり、判断ができなくなるだろう。医者のこの交渉は失敗に終わる。

逆に、医師の助手が白衣を着て、何の権限もないのに、「あなたはどうも、入院が必要なようですね」などと言った場合、その助手が医師免許を持っていないことを知らない患者は、すっかりその気になってしまうはずだ。

これらの例からわかるように、交渉における服装で気をつけるべきことは、相手に誤解されないことである。しかし、だからと言って、無理に高級なスーツを着る必要はない。自然な身なりをすることである。

次に交渉場所だが、自分の陣地で交渉を行なうか相手の陣地で交渉を行なうかは、交渉の成り行きに大きな影響を与える。プロスポーツの世界でも、「ホーム」で戦ったほうが、「アウェイ」で戦うよりもずっと有利である。自分の陣地は、自分のテリトリーだから、落ち着いて理性的に交渉を進めることができる。理由をつけて、途中で一時的に退席するなどの作戦も可能である。したがって、必ず自分の陣地で交渉を行なうように勧める交渉家もいる。

それはそれで正しいと思うが、相手の陣地で交渉を行なったほうが望ましい場合もある。それは、相手がすぐに感情的になるか、不安になるか、精神的に不安定であるような場合である。そこにつけ込んで交渉をまとめる場合には、もちろん自分の陣地での交渉を主張するべきである。

しかし、精神的に不安定になるがゆえに冷静な判断ができず、交渉がうまく進まない場合もある。そのように感じる場合には、相手の陣地で交渉し、相手をなるべく落ち着かせ、冷静にさせなければならない。

一方、相手の交渉力があなたと拮抗しているか、あなたよりも上だと感じるときは、交渉場所に関する交渉において、何とかあなたの陣地を交渉場所にするようにがんばろう。少なくとも、相手の陣地以外の場所を交渉場所に選びたい。そうでなければ、交渉が相手のペースで進んでしまうこともある。

交渉の環境については、交渉をじっくり進めたいときは落ち着ける雰囲気のところで交渉したい。相手を焦らせたいときは、終わりの時間が決まっている会議室で、あるいは忙しい音楽が流れる場所で行なうことになる。

食事のときには、楽しみたいと思っている人は少なくない。また、食事をしていると気持ちが和み、殺伐とした雰囲気にはなりにくいものだ。そして、そのとき一緒にいる人に対して、好意を抱きやすい。人を説得するとき、食事をしながら行なう人も多いようだ。

これは、心理学で「連合」と言い、ある事が起きたとき、その外的要因とその相手とが結びつけられてしまうということである。別の例で言うと、テレビのコマーシャルで、自分の好きなタレントが宣伝している商品には、自然に好感を抱いてしまうのも同じである。

その他、交渉の外的要因で気をつけるべきことに、交渉の時間帯がある。人間にはバイオリズムもあるし、朝型、夜型といった生活リズムもある。もし、午前中に頭が働かないのであれば、午前中に重要な交渉の予定を入れてはならない。夕方、疲れて頭が働かなくなるようであれば、夕方に重要な交渉の予定を入れてはならない。自分の体調が悪いとわかっていて大事な予定を入れてはならないことは、交渉の場合も同様である。

このように、まずは交渉の外的要因を整備しよう。

権限がある者と交渉しよう

交渉は、だれと行なうべきか。それは、あなたの要望を実現する権限を持った人間である。相手があなたの要求を受け入れて合意しても、その権限がなければ、その合意は何の効力もない。

法律でも、権限がない者が代理人として契約を結んでも、その契約は無効である旨が規定されている。民事事件で、交渉段階では相手方に対して必死の説得を試みるが、裁判になったときは、相手を説得するのではない。判決を下す権限を持っているのは裁判官である。したがって、自分が正しいことを、相手方にではなく、裁判官に説得するのである。

したがって、交渉をはじめるときは、交渉相手がどの程度の権限を持っているのか、まず確認しなければならない。

それには、「今日、合意できれば、この場で書面を作成して署名捺印をすることができますか？」と聞いてみればよい。

「いったん持ち帰って、上司の決裁を受けなければなりません」とか「妻の意見を聞かなければならないので」などと答えるようであれば、その交渉についての決裁権限を持っていないことになる。

権限を持っていない者は譲歩ができないため、いくら交渉しても相手から譲歩を引き出すことはできない。交渉が行き詰まると、譲歩をして少しでも進歩があったことを確認したくなるが、相手が譲歩しないことがわかっているのに、こちらだけが一方的に譲歩してはならない。そのようなときは、その場では何も約束をしないことだ。そうでなければ次のようになる。

あなたが損害賠償を請求されている事件において、あなたが１０００万円、相手が２０００万円を主張しているとする。和解案として１５００万円という提案があり、あなたはそれを受諾したが、相手は「上司の決裁を受けなければならないので、いったん持ち帰らせてください」と言う。次回の交渉では、「前回の１５００万円では、決裁が受けられませんでした。どうでしょう。前回の１５００万円と当方主張の２０００万円の間を取って、１７５０万円ということで」

あなたは思うだろう。

（何ということだ。私の主張は１０００万円で、相手の主張は２０００万円だから、間を取ったら１５００万円のはずだ。それが、いつの間にか１７５０万円になってしまった）

このようなことにならないためには、次のように言っておくべきだ。

「私のほうもよく考えてみたいので、次回、正式にご回答いたします」

そして、次回の交渉の際、「本日は、前回の提案に回答はいただけますか」と確認をしてから回答を出すべきだ。

そうでないと、あなたがオーケーを出したあと、「実は、上司が急な海外出張になってしまい、まだ結論が出ていないのです。次回までには回答を持ってきますが、本日は、他の付随的な事項の交渉をしましょう」と言われて、またしても同じ結果になる。

ちなみに、交渉案件について相手に権限がないときは、権限がある者との交渉を要求しよう。「決定権限がない方と交渉しても時間ばかりがたってしまうので、権限がある方と交渉させていただけますか」と単刀直入に要求しよう。

拒否された場合は、その交渉者は交渉者とはみなさず、「メッセンジャー」として対応しよう。そのメッセンジャーを通して、背後の権限者と交渉している感覚で交渉に臨むことである。

組織の場合、地位が上がれば上がるほど大きな裁量を持つことになる。会社で言えば、平社員よりも課長、課長よりも部長、部長よりも社長のほうが、より大きな裁量を持っている。平社員と交渉をしていてデッドロックに陥った場合は、課長との交渉を要求しよう。課長との交渉がデッドロックに陥った場合は、部長との交渉を要求しよう。それだけ解決の可能性は高くなるはずだ。

不動産の売買交渉において、売主と交渉していたときのことだ。売主側は、平社員が担当者として交渉していた。交渉事項は必ず持ち帰りになり、上司の決裁を受けなければならないとのことで、じれったく思っていたのだが、あるとき、価格の交渉が行き詰まった。売主側は、2億5000万円以下では絶対に売らないということだった。

しかし買主側は、融資を受ける関係で、2億4000万円がやっととのことで、この1000万円の溝がなかなか埋まらなかった。

他の諸条件で揺さぶってみたが、売主側交渉者は、上司から2億5000万円を厳命されているとして、頑として譲らなかった。私は、上司と話をさせてくれるよう要求していたが、それも拒絶されていた。

しかし、交渉が進展しないため、売主側の担当部長が交渉に乗り出してきた。そして、すぐに2億4000万円で交渉はまとまった。

ただし、手付金ですぐに5000万円を支払うという条件である。なお手付金は、一般的には10％程度、この例では2400万円くらいがせいぜいだ。

つまり、売主側は担当社員に2億5000万円は最低ラインで、それ以上譲歩するなと厳命して交渉させていた。しかし、資金繰りの関係で、すぐにでもお金が必要な状態だった。交渉者である平社員は、そのような資金繰りまで知るはずもなかったから、上司から言われた2億5000万円に固執した。

しかし担当部長は、資金需要と売買総額とを秤にかけた結果、資金需要を優先すべきと判断したのだった。

このように、交渉担当者との交渉が行き詰まったときは、地位が上の人間と交渉させてくれるよう要求してみよう。それによって、たちどころに状況が打開されることがある。実際、私の経験でも、そのようなことは何回もあった。

代理人の効用

私たち弁護士は、必ずだれかの代理人として相手方と交渉する。交渉においては、代理人を立てて交渉することも有効な手段である。

まず、代理人を立てることのメリットは、**代理人は感情的になりにくい**という点だ。これまでに何度も説明したことだが、交渉において感情的になることの弊害ははかり知れない。

しかし当事者は、どうしても感情的になってしまいがちである。一方、代理人は自分は当事者ではないから、本人よりは、客観的に交渉を眺めることができる。そして、相手方から本人に対する誹謗中傷を受けたとしても、本人ほど感情的に反発することはない。冷静な判断がしやすいのである。

たとえば、夫の浮気によって離婚する夫婦が、慰謝料の交渉をしているとする。本人同士が交渉すると、慰謝料額の他に、これまでに蓄積された長年の不満や恨みつらみが噴出して、交渉はなかなか進展しない。

しかし代理人は、夫婦の長年の恨みつらみを言い合っても交渉がうまく進まないことを知っている。また、相手からそれを主張されても感情的に反発することもない。ただ、事実とそれに対する金銭的評価の交渉があるだけである。

そのような冷静な判断ができるからこそ、弁護士同士の話し合いは、当事者同士の話し合いに比べて話が早いのである。

次に、代理人のメリットは、権限を制限できることである。交渉において、完全な決定権がある人間は譲歩をしやすいという傾向がある。交渉をまとめるために、譲歩をしてしまうのである。しかし、代理人を立てる場合には、その代理人が決定できる裁量の範囲を限定することができる。

たとえば、商品の売買代金を請求する際、買主本人が交渉に臨むと、相手がタフ・ネゴシエーターでどんどん押し込まれてしまった場合、自分自身に決定権限があるために、大幅な譲歩をしてしまうことがある。また、相手がまったく譲歩をしない場合、交渉をまとめたいがために、大幅な譲歩をしてしまうこともある。

しかし、代理人を立てる場合であれば、その代理人に対して、「これ以上、譲歩しなければならなくなったら、事前に私の承認を取ってください」と権限を制限することができる。

そうしておくと、どのような交渉が行なわれようとも、代理人は、それ以上譲歩することはない。その結果、相手がしびれを切らせて譲歩することになるかもしれない。

しかし、この権限の制限は、メリットもあるがデメリットもある。権限を制限するということは、柔軟性がなくなるということである。あらかじめ、定めたレールの上しか走ることができなくなる危険性がある。相互に譲歩をし合うという、単純きわまりない交渉であれば効果を発揮するが、双方がさまざまな提案をし合って発展させていく交渉においては、かえってマイナスになってしまうこともある。

たとえば、先ほどの売買交渉で、社員は2億5000万円と厳命されていたがために、あくまでもそれに固執した。そのままでは交渉は決裂していたかもしれない。決裁権限を持っている担当部長が出てきたからこそ、すぐに交渉がまとまったのである。代理人の権限を制限してしまうと柔軟性がなくなり、絶妙のタイミングで適切な解決を図ることができなくなってしまう危険性があるのだ。

したがって、代理人の権限を制限するときは、注意が必要である。信頼するに足る有能な交渉人を代理人にした場合には、すべてを任せてしまったほうがいいだろう。

2章

交渉の手順

準備は、事前に入念に

何事も事前の準備が大切だが、交渉においてもこれがあてはまる。

裁判の前、私たちは書類を読み込み、当事者から話を聞く。その結果、有効な法律構成を考え出し、その法律構成に合ったストーリーを組み立てる。そのうえで裁判に臨む。

しかし、ただ依頼者から聞いた事実を羅列した訴状を出したらどうだろうか。裁判所からは笑われ、相手方の弁護士には足下を見られるだろう。そのため、入念な準備のもとに裁判を起こさなければならない。そして、裁判が進み、証人尋問の前にはどのような尋問をするのか、尋問事項を作成してシミュレーションする。

そのような準備をしておかなければ、せっかく相手の証人が契約書と矛盾する証言をしてもそれに気づかず、有効な反対尋問ができなくなってしまう。それでは裁判で勝てるはずがない。

私は大学時代、体育会の器械体操部で4年間活動した。機械体操は、試合前にはまず演技の構成を考えて組み立てる。組み立てたら、その演技構成を徹底的に練習する。もし、その演技構成で無理があるようなら、演技構成を組み立て直す。そして、試合前には体調を整える。

このような事前準備をせず、いきなり試合に臨んで思いつきで演技をしたところで、成功するはずがないし、よい点が出せるはずもない。

交渉においても同様である。資料も読まず、相手のことも調査せず、話の展開も考えなければ、よい交渉などできるはずがない。入念な準備をした者がよい結果を得るのは、他のすべての事柄と同じである。

たとえば、あなたが交通事故に遭ったとする。入院し、通院して若干の後遺障害が残った。交通事故の損害賠償について何の知識も持たずに、百戦錬磨の保険会社の担当者と交渉したらどうなるだろうか。

「過失相殺については、基準によると7対3です。休業損害と言っても、あなたの場合は働きはじめて間もないため、去年の年収がベースとなります。後遺障害も、うちの基準ではこんなものですね」などと言われ、130万円の示談金の提示を受けた。

あなたが、「もう少し、何とかならないか」と交渉したとき、担当者が「仕方ないですね。私も案件をたくさん抱えているので、この案件ばかりに関わり合っていられません。では、限界までいきましょう。150万円です。これで限界です」と言ったとする。

相場を知らない場合、これが本当の限界かどうか、まったく判断がつかない。本当のような気もするし、騙されているような気もする。その場の雰囲気で印鑑を押してしまうかもしれないだろう。

しかし、事前に交通事故の本を読み、後遺障害でどのくらいの賠償金が取れるのかを研究していた場合はどうか。「それはおかしいでしょう。慰謝料の相場は80万円だし、自賠責に請求したって、後遺障害分の75万円がプラスしてもらえるのだから、それだけで155万円です。それに逸失利益や休業損害があるでしょう」と反論することができる。交渉の前に準備をするかどうかで、交渉の結果に雲泥の差が出るのだ。

交渉の準備の中には、交渉の前に有利な条件を整えておくことも含まれる。たとえば、離婚する場合に子供の親権を取りたいと思ったら、現実に子供と同居して育てているほうが有利である。

したがって別居中であれば、交渉する前に、子供をこちらに同居させておかなければならない。そうでないと、子供の親権を、相手に交渉材料として使われかねないからだ。

会社間の商取引で、買掛金について、2000万円の手形を支払えずに不渡りにしてしまったとする。相手は、すぐに500万円を支払えば今後の話し合いに応じるが、そうでなければすぐに裁判をすると言っている。この場合はどうするか。もちろん、代金は支払わなければならないのだが、自分の会社も潰れそうである。そのため、まずは有利に交渉することが先決となる。

手形は、6ヶ月以内に2回不渡りを出すと銀行との取引が停止され、事実上倒産する。したがって、手形は通常、当然に期日に決済されるものと思われている。そこで、相手はその金をあてにして資金繰りを組んでいるのが通常である。

この場合、有利に交渉するには、すぐに払えと言われている500万円は支払わないことである。最終的に支払条件の交渉がまとまった時点で支払うことにするのである。

相手に資金的余裕がなく、すぐに資金需要がある場合には、すぐにでも現金が必要となる。それを利用して、「では、3日後に500万円を支払います。その代わり、残りの1500万円は、30万円の50回払いにしてください」と交渉することになる。通常、相手は交渉には応じないが、相手の状況によっては応じてくる場合もある。

しかし、相手の言うとおり、交渉の前に500万円をすんなり払ってしまった場合には、相手は余裕を持った交渉を行なうことができるため、こちらは交渉を有利に展開することができなくなる。

交渉に臨む前に、こちらに有利な状況を整えておくべきである。その結果、たいした交渉もせずに決着がついてしまう場合もある。

まずは有利な状況をつくり、しかる後に交渉を開始するべきである。

まず、自分自身でブレーンストーミングしてみる

交渉の事前準備をする中で、自分の置かれた状況、自分の側で選択できる手段や結果についてブレーンストーミングしてみよう。通常は、交渉をはじめる場合は、差し迫った問題があっ

たり、ほしいものがあるはずだ。その得られる結果だけを見ている状態である。

しかし交渉は、その過程でさまざまな変化を遂げる。もしかしたら、当初考えていた目標よりも有利な結果があるかもしれないし、そのような結果が得られるかもしれない。それを最初に頭に置いておくことによって、交渉対象に固執することなく、柔軟な交渉が可能となる。

例を挙げよう。労働者が労働条件の交渉をしたいと考えている。彼は年収400万円だが、それでは生活も厳しく、自分の能力から考えると、もっと評価されてもいいのではないかと考えている。年収で言えば、450万円から500万円はもらってもおかしくはない。

そこで彼は、会社と交渉したいと考えた。今は、交渉の武器、すなわち彼自身の特殊技能や、交渉が決裂したらどうなるだろう、といった危険は考えないでおく。

ただ、自分の望むもの。そしてそれに代わる交渉結果。これらをブレーンストーミングしておくのだ。
①年収は、450万円から500万円を要求する
②生活が苦しいのは、マンションの家賃の負担が重いせいもある。マンションを会社の寮にするように要求する
③月々の住宅ローンの支払額しだいでは、賃貸マンションよりも、いっそマンションを買ってしまうことを考えていい。そのために、会社から低利で融資してくれるように要求する
④仮に、今給与を上げられないとするなら、2年後に420万円、3年後に450万円とステ

ップアップを要求する
⑤現在は、1年更新の契約社員だから地位が不安定である。正社員にしてくれるよう、要求する。実質年収は変わらなくてもとりあえず地位は安定するし、退職金で調整することができる
⑥退職して別の会社に行く。給料の予想としては○○○円
等々……。

先の、離婚の慰謝料でもめているケースでも同様である。
①慰謝料として500万円ほしい（譲歩限度額は別に考える）
②分割払いでも、支払総金額を増やしてもらう（たとえば600万円）
③夫名義のマンションに住まわせてもらい、夫が出ていく
④夫に生命保険をかけて、自分が受取人になる
⑤妻が連帯保証をして金融機関から500万円を借り、それを慰謝料としてもらう（金融機関は、まず夫から取ろうとするはず）
等々……。

この段階では、「これは無理そうだ」といった評価は下さない。こちらの事情もあるが、相手の事情もある。

労働条件で言えば、ある条件では、会社は応じにくいかもしれないが、他の条件は応じやすいかもしれない。会社の資金繰りが苦しければ、今給料を上げることはむずかしいし、他の社

員との兼ね合いがあるかもしれない。しかし、ステップアップなら何とか可能かもしれないし、正社員にして退職金で精算するほうが望ましいかもしれない。

このように、交渉の前に、まず自分の側だけでブレーンストーミングをしておくことである。これだけで、驚くほど柔軟に対処することができるようになる。先ほどの条件が、そのまま会社から出てくることを望んではならない。

会社は、給料値上げの要求を突きつけられ、どうやってそれを拒絶しようかと頭をひねっている。現時点における給料値上げを拒絶されたときは、あなた側から提案し、相手の頭を働かせて、より有利な結論が出るように導くのだ。

それによってあなたは、交渉に望むにあたって精神的な余裕が生まれ、かつ交渉をコントロールすることができるようになるはずだ。

既婚者である会社の上司と不倫した女性が、上司に慰謝料を請求したがっていた。彼女の言い分を聞くと、その上司は次のように言っていたという。

「君を愛している。妻とは別れるつもりで話し合いをしている。妻と別れたら、結婚を前提に付き合おう」

女性は、その言葉を信じて、2年間上司と付き合ってきた。ところが先日、上司の妻から直接電話がかかってきた。不倫がばれたのだ。そして、妻の話によると、離婚の話などまったくなく、夫婦関係は良好と言う。つまりその女性は、上司に騙されたのであり、その上司に対して慰謝料を請求したいのだと言う。

その女性の置かれた状況と取り得る方法は次のとおりである。

①上司の妻から、不倫を理由に慰謝料請求される立場にある

②慰謝料を支払う経済的余裕がないので、払えない場合は給与を差し押さえられ、会社にばれてクビになる

③上司と妻の婚姻関係は破綻していたと信じていたとして争う

④上司に慰謝料を請求する

⑤会社の社長に直訴する

⑥妻と話し合い、自分は身を引く代わりに慰謝料を請求されないようにする

⑦何もしない

この段階では、いろいろな可能性を考えてみよう。考えが出てきたとき、すぐにそれを検討したくなる誘惑を抑えよう。そして、すべてを出し切ってから、それらをひとつずつ検討していくことだ。

必ず、他の選択肢を用意しておく

交渉においては、**交渉が決裂したときに取り得る、別の選択肢を用意しておかなければならない**。交渉対象に固執すればするほど、交渉力は弱まっていくからだ。

典型的な例が、人質交渉である。犯人が人質を取って立てこもる。警察官の交渉役が犯人と、人質の解放と犯人の投降について交渉する。それが、もっとも望ましい結果だ。だれも傷つかずに事件は終わる。

しかし、交渉が決裂した場合はどうか。そのときは、強行部隊の突入である。多少の死傷者が出るかもしれないが、より大きな損失を防ぐために強行突入を図る。これが別の選択肢である。

この選択肢があるからこそ、交渉役は犯人の要求に「ノー」と答えることができ、犯人は交渉決裂の場合には「死」を覚悟する。他の選択肢があるからこそ、強気な交渉ができるのである。

ところが、犯人が立てこもった場所に危険物質が存在していて火気が使用できず、他の武器も使用できない場合には、強行突入ができない場合もあり得る。そうなると、他の選択肢はなくなり、交渉役の交渉能力は著しく減殺されることになる。交渉決裂の場合に取り得る措置がなくなってしまうからだ。

先の労働条件の交渉においても、交渉を開始する前に、他の選択肢を用意しておかなければならない。労働者側は、交渉が決裂したときは、会社を辞めることを選択肢として取り入れることができるが、そのためには、得られる退職金、再就職の可能性、再就職の場合の給与を調査しなければならない。あるいは、競合する会社は雇用してくれるだろうか。その場合、会社の就業規則に退職後、何年かは競合他社に就職してはならないというような条項はないか。

そのようなことを調査したうえで、交渉が決裂した場合の選択肢を用意しておかなければならない。そうでなければ、会社側が要求を拒絶した場合には、すごすごと引き下がるしかなくなってしまう。交渉が決裂した場合には、他の選択肢があるからこそ、強気の交渉ができるのである。

逆に会社側は、労働者から給料アップの要求が出た場合、やはり他の取り得る選択肢を用意しておかなければならない。その労働者との交渉が決裂し、退職を願い出た場合、どうするか。その労働者が会社にとってどうしても必要な人間であり、彼なしには会社が成り立たない場合、つまり他の選択肢がない場合には会社の交渉力は弱くなり、彼の要求を飲まざるを得なくなる。

したがって、彼が退職しても、損害はあるにしろ、何とか会社がまわっていくような体制をつくり、他の選択肢を用意したうえで交渉に臨まなければならない。それまでは交渉を開始してはならず、仮に要求されたとしても、引き延ばすべきである。

そして、会社側の準備が整った段階で巻き返しを図るのである。

「他の選択肢を用意しておく」——これは、交渉における鉄則である。

交渉の前に、絶対に捨てられない点を明確にしておく

他の選択肢を用意しておくと、精神的に余裕を持って交渉に臨むことができるようになる。相手の要求に対して「ノー」を言うことができる。しかし、何にでも「ノー」と言い続けていたら、交渉はまとまらない。

逆に、何でも「イエス」と言い続ければ交渉はまとまるが、あなたが得るものは何もなくなってしまう。したがって、「イエス」と言う項目と「ノー」と言うべき項目を分類しておかなければならない。

これは、ただ単に「イエス」と「ノー」のそれぞれの箱をつくって項目を投げ入れる作業ではない。**交渉の前にすべきことは、「絶対にノー」と言う項目を決定しておくこと**である。「どちらかと言えばノー」という項目は、交渉の成り行きしだいで取引材料にすることができる。さまざまな優先順位によって交渉における取引が行なわれることになるが、とにかく「絶対にノー」だけは決めておくことだ。

金融機関から金を借りた債務者が、返済できなくなったため、条件を変更するよう金融機関に要請するとしよう。取り得る他の選択肢は、「自己破産」か「個人再生」である。交渉が決裂した場合は、債務者自身が自己破産を選択することに決めている。

金融機関から、条件変更に応じる場合の条件として予想されるのは、妻の連帯保証、第三者の連帯保証、親の不動産を担保に入れること、条件変更の前に、まず一時金として、ある程度の債務を返済すること、生命保険に質権を設定することなどだ。

このうち妻の連帯保証は、「どちらかと言えばノー」である。いざというときは、一緒に自己破産する覚悟を決めている。第三者の連帯保証は「絶対にノー」だ。他人に迷惑をかけるわけにはいかない。親の不動産を担保に入れることも「絶対にノー」だ。将来、住むところがなくなってしまう。また、一時金として、条件変更の前に払うことは「絶対にノー」だ。一時金として払うのであれば、条件変更の前ではなく、引き換えだ。引き換えであれば、「イエス」だ。生命保険に質権を設定することは、「どちらかと言えばノー」だ。家族用の生命保険は、他に入ればいい。

このように、相手の要求を予想し、「絶対にノー」を分類して、その項目に対しては断固「ノー」を貫くのである。あとは、他の項目で交渉するのである。「どちらかと言えばノー」の項目も、当初「ノー」だが、交渉の経過にしたがって、タイミングを見てカードを切っていき、「絶対にノー」は、断固「ノー」と言い続けて交渉するのである。

そして債務者には、他の取り得る選択肢「自己破産」がある。金融機関があくまで強硬に交渉してきても、こちらは断固「ノー」である。交渉が決裂したら自己破産である。金融機関は、自己破産されるのと、ある程度の条件で条件変更に応じるのと、どちらを選ぶだろうか。通常は、ある程度の担保を得て条件変更したほうが得と考えるだろう。

交渉決裂の限界点を決めておく

先の分類は、項目による分類である。項目によって、絶対に譲れない領域を設定しておく準備だった。次は、程度の準備をしなければならない。

つまり、「絶対にノー」という項目がない場合、あるいは「絶対にノー」でも、ある程度までは譲ってもいいという場合には、どの程度まで譲歩することができるかという、**「限界点」を決めておく**必要がある。

その限界点を超える場合は「交渉決裂」であり、他の選択肢をチョイスすることになる。この限界点をあらかじめ決めておくことも、交渉において、迷わず「ノー」を言うための準備である。その限界点における交渉では、強気の「ノー」を言い続けることができる。

たとえば、先の給与アップ交渉で考えてみよう。

現在の給与は年間400万円だが、その増額交渉をしている。交渉が決裂したときの他の選択肢としては、早期退職制度を利用して積み増し退職金をもらって退職し、競合他社に再就職することを考えている。

それとの兼ね合いで考えると、年間給与のアップでは、どれだけ譲歩しても、年間450万円までは上げてもらわなければ困る。会社側が440万円に固執するようであれば、あくまで「ノー」である。決裂すれば、他の選択肢である。

それを決めておかなければ、最後の最後で「ノー」が弱くなり、押し切られてしまう可能性もある。それを排除するのが、事前準備における限界点の設定である。限界点を決めるからこそ、強気の交渉ができるのだ。

交渉では、ステップアップ方式も検討された。この場合は、少なくとも3年後には460万円まで上げてもらえるステップアップでなければ「ノー」である。それ以下の提案には、「ノー」を言い続けることになる。

もちろん、当初説明したように、金額だけの交渉を行なうのではなく、さまざまな提案をしながら、双方の当事者が利益を享受できるようにすることが望ましい。

しかし、すべての場合にそうできるわけではない。金額だけが争点となる場合もある。そのために、限界点を定めておくのである。

なかには、強硬な交渉者もいる。彼らは押しが強く、執拗に譲歩を迫ってくる。そのようなとき、明確な限界点を決めておき、それ以上は絶対に譲歩しないと固く決意しておかなければ、なかなか耐えられるものではない。これは、自分の心を強くするための事前準備とも言えるだろう。

決裂の覚悟を決めておく

交渉が決裂した場合の他の選択肢が用意できたら、交渉決裂の覚悟を決めておくことが必要である。**「他の選択肢を選択する結果となっても構わない」**という覚悟である。そうでなければ、せっかく他の選択肢を用意しても、やはり交渉事項に固執してしまい、弱腰の交渉になってしまうからだ。

たとえば、夫婦で家計の管理権限の取り合いをしているとする。妻は、夫がギャンブルに手を出すため、家計を管理したいと考えている。そこで、家計の管理権限が取れない場合には、夫と別れるという選択肢を用意した。しかし夫は、どうしても妻と別れることには耐えられない。

この場合の交渉はどうなるだろうか。もちろん、妻は交渉決裂の場合には離婚の覚悟を決めているため、強気の交渉ができる。

しかし夫は、選択肢としては離婚だが、妻と離婚をすることには耐えられないため、どうしても弱腰の交渉しかできない。いざというときに強気の交渉ができないのだ。その結果、家計の管理権限は妻に握られることになる。

このことから言えることは、交渉決裂の場合に用意した他の選択肢は、「他の選択肢を選択する結果となっても構わないという覚悟がなければ、何の意味もない」ということである。そのような覚悟ができるからこそ、強気の交渉が可能になるのである。

債務者が、金融機関と条件変更の交渉をする場合、交渉決裂の場合には「自己破産」である。もちろん自己破産は好ましいものではない。

しかし、交渉決裂の場合の選択肢として自己破産を用意しておきながら、どうしても自己破産したくないというのであれば、それは選択肢になっていないということになる。最後の最後に、金融機関から親の不動産の担保提供を求められたとき、自己破産するのを避けるため、その要求に応じてしまうかもしれない。

これでは、何のために選択肢を用意し、交渉の限界点を定めたのかがわからなくなってしまう。

したがって、**他の取り得る選択肢を用意した場合には、交渉を始める前に、交渉が決裂した場合には、他の選択肢を取ってもかまわないという覚悟をしておくこと**である。

結局、そうすることによって、ボールが交渉相手に渡され、相手側が悩むことになる。金融機関の例で言うと、債務者に自己破産されてしまうと、現在取っている担保の処分で回収する以外は、他の債権者と同じになってしまい、ほとんど回収できずに終わってしまうことになるからだ。

しかし、その時点で合意している妻の連帯保証、債務者の生命保険担保を取って条件変更しておけば、まだある程度の回収が可能かもしれない。

そのような状態の中で、債務者が、要求に明確に「ノー」と拒絶してきている場合には、金融機関は、そのどちらかを選ぶか、あるいは他の選択肢を考え出さなければならなくなるのである。

相手の立場に立ってみる

交渉においては、相手の立場に立って、交渉を眺めてみることが重要である。交渉の目標は、双方の合意である。あなたが合意したい内容及び妥協できる点については、十分頭に入っている。

しかし、相手はどうだろうか。あなたにとってはいくらよい提案であっても、相手のニーズをまったく満たしていない場合は、相手からの同意は得られない。相手の同意が得られなければば、交渉の目標である双方の合意も得られない。

したがって、あなたは交渉するにあたって、交渉相手は、どのような目で本件交渉を眺めているのか、何がほしいのか、なぜこの交渉の場に姿を現わし、あなたから何を得ようとしているのかを感じ取ることが必要である。

近藤康平（仮名）氏は、都内のあるビルを賃借して飲食店を営んでいる。賃料は月額80万円。売上げは一定せず、資金繰りが足りないときは、金融機関からの借り入れで賄っている。最近、近くに大手チェーン店の安い居酒屋ができた関係で、売上げが落ち込んでいる。このままでは資金繰りが詰まってしまいかねない。従業員への給料も、やっと払っているという状態だ。

そこで、近藤さんは大家に、賃料を70万円に減額してくれるよう交渉することにした。月の支払いが10万円減れば、資金繰りも少しは楽になるはずだ。

近藤「現在、月額賃料が80万円なのですが、これを70万円にしていただきたいのですが」

大家「何だって？　それはまたどういうことですか？」

近藤「実は最近、近くに競合店舗ができて、売上げが落ち込んでいるのです。このままでは資金繰りがつかなくなってしまいます。何とか助けていただけないでしょうか」

大家「しかし、近くに競合店舗ができたことは、私には関係ないからねえ。近くに競合店舗ができるたびに賃料を減額していたら、賃料がどんどん下がってしまうよ」

近藤「そこを、何とかお願いできませんか。従業員の給料も払えなくなる可能性があるんです」

大家「それは、あなたと従業員との問題でしょう。とにかく、賃料を下げることは無理ですね」

交渉決裂。

近藤さんの失敗の原因は明らかである。自分の都合だけしか見えていない。自分の都合は、大家には関係がないから、ほとんど説得力はない。もちろん、このような交渉がまったく意味がないとは言わない。

たとえば、たまたま大家のニーズに合致する場合だ。大家が、人助けが好きで、人助けになることをすることで自尊心を満足させるタイプの人間であり、かつ経済的にまったく困窮していない場合である。

このような場合には、大家は近藤さんの窮状を聞き、近藤さんや従業員を救ってやることによって自尊心の満足を得るため、賃料減額に応じる可能性がある。しかし、一般的にはこのような行動は期待しないほうが賢明だろう。

さて、近藤さんはどうすればよかったのだろうか。まず、相手の立場、つまり大家の立場に立って本件交渉を眺めてみることである。

大家というのは、賃料収入によって経済活動を行なっている。つまり、ビルにテナントが入っており、そのテナントからより高い賃料を得ることを望んでいるわけである。テナントが退去すると賃料収入がなくなるし、その後、安い賃料でしか貸せないとなると、収入が減ってしまうことになる。ビルを建てるときに、銀行から借金をしているなら、毎月銀行への多額の返済があり、一時たりともビルが空室になることを嫌がるはずである。

このように、**交渉相手の立場に立つと、なすべきことが見えてくる**。

だとすると、近藤さんがするべきことは、まず近隣の賃料相場を調べることである。先ほどと同じ情報のもとで、本件物件が近隣の賃料相場より高いことがわかるだけで、次のような交渉が可能となる。

近藤「現在、月額賃料が80万円なのですが、これを70万円にしていただきたいのです」

大家「何だって？　それはまたどういうことですか？」

近藤「実は最近、近くに競合店ができて、売上げが落ち込んでいるのです。このままでは資金繰りがつかなくなってしまいます。近隣の相場を調べてみたのですが、今、お借りしている物件と同じような物件で、賃料相場は65万円くらいのようです。私としても、賃料は安いほうがいいですから、そちらに移ることも考えなければなりません」

大家「そんなことはないでしょう。うちほどの立地条件はありませんよ」

近藤「この物件は、飲食店仕様です。近くに大手の競合店舗ができた関係で、うちの店舗の売上げも落ち込んでいます。これだけの賃料では、もう借り手は見つからないのではないでしょうか。飲食店から転換するのも、かなりの改修費用がかかると思いますが」

大家「うーむ。まあ、とにかく話し合ってみましょうか」

交渉相手の立場に立って交渉を眺めるだけで、これだけの違いが出てくるのである。交渉とは、自分が最大限の利益を得る結果となるところに、相手の同意を生じさせるプロセスである。だからこそ自分ではなく、相手の心に焦点をあて、相手の立場に立ってみるのである。

そうすれば、相手が同意しやすいこと、どうしても譲れないこと、交渉しだいであること等が推測しやすくなってくる。

これはビジネスだけでなく、家庭生活でも同様である。

子供が全然勉強しないので、勉強をさせたい。ただ「勉強しろ」と言えば、勉強してくれるだろうか。それは無理だろう。親は、子供に勉強してもらい、いい学校に行って、立派な社会人として生きていってほしい。経済的に困窮するようなことや、犯罪を犯すような大人にはなってほしくない。しかし、そんなことを子供に言っても無駄だろう。

まず、子供の立場に立ってみることである。子供の将来の夢が、パイロットだったとする。だとすると、どうすればパイロットになれるのかを教えてやればいい。パイロットになるためには学歴が必要となる。いい大学に入るためには、いい高校を出ておく必要がある。そのためには、中学でいい成績を取っておかなければならない。このように説得したほうが、子供が勉強をはじめる可能性は高くなるはずだ。親の希望と子供の希望とは違う。子供に同意させようと思ったら、まず子供の立場に立ってみることである。

ほしいものは人によって異なる。映画業界に生きる者にとって、アカデミー賞は特別な賞で、だれでもほしがるものと思ってしまう。しかし、数々の名作を残したチャールズ・チャップリンは、「わずかの人間で決めた賞なんて、そうたいした名誉ではない。私のほしいのは大衆の喝采だ。大衆が私の仕事を称賛してくれたならば、それで十分だ」と言っている。あなたの交渉相手の立場に立って考えよう。

相手の立場に立つということは、交渉にだけ有効なことではない。

こんな話を聞いたことがある。

「私は耳が聞こえないのですが、先日、弟が彼女を連れて家に遊びに来ました。母と弟とその彼女と私が家の居間にいたのですが、母と弟が大いに盛り上がって話をしていました。当然、私には聞こえません。

すると、弟の彼女が紙と鉛筆を取り出し、母と弟が何の話をしているのかをサラサラと書いてにっこりと微笑み、私に見せてくれました。こんな気配りのできる彼女に、一瞬で好意を抱きました。そして、弟と結ばれればいいな、と感じました」

相手の立場に立って物事を見ることができれば、ビジネスだけでなく、私生活でも成功すること間違いなしである。

相手の立場で勝手にブレーンストーミング

相手の立場に立って交渉対象を眺めることができたら、次は相手の立場に立って、勝手にブレーンストーミングをしてみよう。前に、自分の立場でブレーンストーミングすることを説明した。次は、それと同じことを相手の立場に立って行なってみるのだ。

自分の立場でブレーンストーミングする目的は、固定観念をなくし、交渉に柔軟に対応し、より望ましい結果を得るためだった。これに対して、相手の立場でブレーンストーミングすることは、自分が最大限の利益を得ながら、相手が同意できるぎりぎりの着地点を探すものである。また、相手が今は考えていないが、より相手が利益を得る方法を考えるためである。

考えている条件よりも、よりいっそう利益が得られる条件ならば、相手は間違いなく同意するからである。姉妹のミカンの取り合いの例で、ミカンの中身がほしかった妹は、ミカンの中身が半分もらえると思っていただろう。しかし、姉がミカンの中身を全部妹に渡すような提案をしたら、妹は当初考えていたよりも、多くの結果が得られたのであり、間違いなく合意するだろう。

さて、先ほどの近藤さんが、賃料減額交渉をする例で、大家の立場に立ってブレーンストーミングしてみよう。

①賃料を、1ヶ月80万円から70万円に下げる
②賃料を、あくまで80万円と主張して近藤さんが退去する。この場合、保証金800万円を返還し、次の借り主を探さなければならない
③賃料を下げない代わりに、保証金400万円を返還し、残りの400万円を残しておく
④これまでは2年更新で、更新するたびに更新料が賃料の2ヶ月分必要だったが、今回あらたに契約し直し、更新料をゼロにする

さて、他にも考えられるだろう。いろいろな案が出てきたところで、大家の立場に立って、それぞれの案について検討を加えてみよう。

①賃料を、1ヶ月80万円から70万円に下げる案はどうか。月の賃料収入は減るが、近隣の賃料相場を調べてみたところ、70万円くらいが妥当だ。賃借人が出ていってしまった場合には、新しい賃借人は賃料を70万円くらいに下げないと入らないだろう。しかも、その間は賃料収入がなく、銀行の毎月の支払が厳しくなってくる。そうなると、この提案を飲む可能性は高い。

②賃料を、あくまで80万円と主張して、近藤さんが退去する案はどうか。大家が、新しい賃貸人が賃料80万円でも見つかると考えている場合には、このような主張をしてくるだろう。しかし、大家が感情的にならない限り、この主張を貫くことは、可能性としては低い。

③賃料を下げない代わりに、保証金400万円を返還し、残り400万円を残しておく案は、どうか。賃料収入が確保できれば、銀行への毎月の返済はクリアできる。現在400万円の資

金余力があるかどうかが問題だ。保証金は、賃借人が賃料不払いを起こした場合の担保の意味もあるが、近藤さんはこれまでの5年間、賃料支払が遅れたことは一度もない。ある程度の信用は得ていると考えていいだろう。近藤さんに退去されるデメリットを考えると、この案に応じる可能性は十分ある。

④これまでは2年更新で、更新するたびに更新料が賃料の2ヶ月分だったが、今回あらたに契約し直し、更新料をゼロにする案はどうか。2年で賃料2ヶ月分ということは、2年で160万円である。1ヶ月に直すと約6万6000円となる。賃料を80万円から、約73万円にしたのと同じ経済効果だ。だとすると、先ほど賃料を70万円に下げる例で考えたように、応じる可能性は高いだろう。

このように、大家さんの立場に立ってブレーンストーミングすることによって、交渉場面でどのような情報を集め、どのような情報を大家に与えればよいかが明らかになってくる。その結果、しかるべき場面で、しかるべき提案をすることができるのである。

つまり、近隣の賃料相場は、月額70万円程度であることを強調し、客観的に公正な資料を整えておく必要がある。そうでなければ、交渉力が弱まってしまうため、この点に力を注ぐことになる。情報を得るべきことは、銀行への借り入れがどの程度あり、毎月の支払に余力があるのかどうか、ということである。

また現在、ある程度の資金余力があるかどうかだ。そこで得た情報によって、近藤さんが繰り出す提案は異なってくるのである。

あなたが主張を展開するのは、相手が話すことがなくなってから

次に、交渉の目的を確認してみよう。交渉の目的は合意に達することである。それも、もっとも自分にとって有利に、である。そこから導き出される公式は、次のようなものである。

「自分が主張を展開するのは、相手が話すことがなくなってからでよい」

この公式に対して、異を唱える人は多い。「交渉は、自分の主張を通し、自分を有利に持っていくことだから、相手が言うことを遮ってまで自分の主張を展開するべきだ」という見解だ。

自分が押しが強く、相手が気が弱くて言いなりになるような人間だったら、それでもいいだろう。しかし、そのような場合はきわめて稀である。そのような場合には、本書は必要ない。

交渉は、自分にとって有利な結果を導かなければならないから、当然、相互に自分の主張を応酬しなければならない。交渉に臨む者には、「相手に自分の考えを理解させなければならない」という強迫観念がある。相手に自分の考えを理解させなければ、自分の要求は受け入れられないというわけだ。

自分が言いたいことを言い切ってしまわないうちは、まだ相手に自分の考えを伝え切ってい

ないということである。言いたいことを言い切ったあとに合意したいと思うのは当然である。

あなたが言いたいことを言い切っていないのに、相手が自分の主張ばかり言ってきたら、「この相手は、私の主張をまったく聞いていないな。相手が話し終わったら、どうやって攻めてやろうか」と相手の話を聞かず、次の作戦を考えるのではないだろうか。

ここで基本に戻ろう。「自分が考えていることは相手も考えている」ということである。自分が相手に、自分の考えを理解させようと考えているとすると、当然、相手もそのように考えているはずだ。

相手は、自分が言いたいことをあなたに言い切ってしまうまでは、まだ合意の最低条件がクリアされていないのである。

したがって、相手を合意に導きやすくするには、相手が主張したいことを最後まで主張させることである。相手の話を聞くことで、あなたが失うものは時間だけである。交渉を成立させることより、相手の話を聞く時間すら惜しいというのであれば、そんな交渉はやめるべきだ。そのような交渉態度でいる限り、たいした成果は得られない、と私は考えている。

相手の話を十分聞くことの目的はもうひとつある。それは、相手の話を十分聞くことによって、相手が重要と考えていること、重要視していないこと、条件、期限、相手の性格、裏に隠された真の欲求等を探る手がかりをつかむことができ、交渉の戦略が立てやすくなるということだ。「敵を知り、己を知れば、百戦危うからず」というのは孫子の言葉だが、相手を知ることにより、交渉を有利に展開できるようになることは確実である。

あなたがもっとも有利になる条件で、相手が合意してくれるような結果を得ることが交渉の目的である。そのような限界値を知るためにも、相手の言うことは十分聞くことである。

そのあとで自分の主張を展開しても、決して遅くはないし、相手は、自分の主張をあなたが根気強く、十分に聞いてくれたことで満足し、むしろあなたの主張をじっくりと聞いてくれるはずだ。

そして、このような目的を達するためには、相手が話しているとき、「次にこういうことを言ってやろう」などということは考えないことである。あくまで相手の主張に耳を傾け、それを自分に有利に展開するように集中することである。

イスラエルの王ソロモンはこう言っている。「賢者は聞き、愚者は語る」――相手の言い分を注意深く聞こう。

あなたが、相手の主張を正確に理解していることを相手に伝える

交渉において、相手の言い分をじっくりと聞くことの大切さはすでに説明した。それは、相手に言いたいことを言い尽くさせ、合意への最低条件をクリアすることのほか、相手の置かれ

た状況を探り、有利な戦略を立てるためだった。これは、単に相手の言い分を最後まで聞く理由である。

ここから、さらに交渉を有利に展開するためには、**「あなたが、相手の主張や要求を理解したことを相手に伝えること」**が必要である。

つまり、人は自分の主張を展開しているとき、相手が本当にこの主張を理解することを願って、そして確認できるならば確認しながら行なうものである。いくら自分の主張を展開しても、相手が理解しなければまったく意味がないからだ。

相手が理解していないことがわかったとたん、「相手は、私の言うことをまったく理解していないな。もう一度、最初から説明するしかないぞ」となってしまい、やはり相手の主張になど耳を傾ける状態ではなくなってしまうからである。

したがって、相手の主張に十分耳を傾けたら、次に行なうべきことは、あなたが、相手の主張を正確に理解していることを相手に伝えることである。それによってはじめて相手は、主張を展開した成果を確認し、あなたの主張を聞く体勢が整い、合意に至る条件がクリアされたことになるからだ。

では、どのようにして、あなたが相手の主張を正確に理解していることを伝えたらいいのだろうか。

それは、「私が、あなたの言いたいことを理解しているかどうか、確認させてください。つまり、こういうことですか……」と言って、相手の主張を要約することである。しかも、相手の言った言葉そのままでなく、自分自身の言葉で言い換えるとなおいい。

そのほうが適切な言葉である場合が多いし、ニュアンスが違った場合には、相手はさらに訂正する機会を得て、より完全な理解に近づくからだ。そのようなやりとりを繰り返すことによって、あなたが相手の主張を正確に理解していることは、完全に相手に伝わることだろう。それによって、相手が満足することは間違いない。

あなたが、相手の主張を正確に理解するプロセスで使える表現は他にもある。

「まだ理解できていない点があるようなので、もう少し教えていただいてよろしいですか」という表現である。

この表現によって、あなたが相手の主張を本気で理解しようとしている姿勢を相手に伝えることができる。そして、あなたがまだ理解していない点を相手に伝え、その点のさらなる説明をする機会を相手に与えることができる。そして、その他の点は、おおむね理解した印象を相手に伝えることができるのである。

このようなやりとりを通して、あなたが相手の主張を正確に理解していることを相手に伝えたとき、相手はあなたの主張を受け入れる体勢が完全に整ったと言える。

相手の話にじっと耳を傾けなければならないとき

相手の主張はじっくりと聞かなければならないが、その中でも、とくに相手の言い分を聞かなければならない場合について説明したい。

それは、

①相手が感情の虜になっているとき

②相手が警戒して、無理に大きく見せようとしているとき

である。

相手が感情の虜になっているときは、相手は冷静な判断ができない。当然、こちらの言うことに聞く耳も持たないだろう。相手が感情的になってしゃべっているとき、こちらも一緒になってワーワー言っても、お互い口だけは最大限に開いているが、両耳は閉じた状態である。

あなたの主張を相手に通すためには、相手に、あなたの主張を聞く準備が整っていなければならない。そのためには、相手の感情を静め、冷静さを取り戻す手助けをしてやらなければならない。

もちろん、相手が感情的になって冷静さを失い、自暴自棄になって、きわめて不利な条件でサインをしてくれるなら話は別だ。よりいっそう、感情的になるよう手助けしてやればよい。

しかし、一般的にそのようなケースは少ないし、その確信が持てない限りは、やはり相手に、ある程度は冷静な判断をさせたほうが望ましいケースが多いのではないだろうか。

そのためには、まず相手が感情にまかせて言っている言い分に、じっと耳を傾けることである。言いたいことをすべて言わせてしまうのである。相手は感情的になっていて、言葉を慎重に選ぶ余裕がないため、相手の言葉の中に、相手の真の欲求が姿を現わしているかもしれないからだ。そのような気持ちで、じっと相手に言いたいだけ言わせることだ。

人間は、感情的に言いたいことを言い尽くすとある程度発散され、冷静になるものだ。その性質を利用しよう。そして、あなたが言い分をじっと聞いてくれたことに対して、お返ししないといけないという気持ちになる。これは、心理学上の〝返報性の原則〟である。

さらにあなたは、相手が主張した言葉の中から、交渉に有利な材料を集めることができた。まさに、いいことずくめではないか。

相手がある程度落ち着いてきたら、あなたは冷静に、「あなたの気持ちはよくわかりました。あなたの言いたいことはこういうことですか」とまとめてやろう。すると相手は、かなりの確率で冷静さを取り戻し、次にあなたが話すことを、積極的に聞く心構えができ上がっていくはずだ。

次に、相手があなたのことを警戒して無理に大きく見せているときも、あなたは相手の話を引き出し、相手の主張にじっと耳を傾けなければならない。私たち弁護士が、依頼者から依頼を受け、相手方に連絡を取ると、相手方はかなり警戒感を露《あらわ》にする。

　そして、弁護士との交渉に負けないために無理に自分自身を大きく見せて、横柄な態度を示したり、言わなくていいことを言って、自分の力が大きいのだということをこちらに見せつけようとする。

　このようなとき、私たちが、法律専門家として上から見下したような話し方をすると、よりいっそう相手の反発は大きくなる。こちらに言いくるめられないように警戒しているから、こちらの言うことはすべて疑ってかかるはずだ。こちらの主張を聞く準備は、まったく整っていないと言っていい。

　そこで、このような場合も、相手の言い分を引き出し、その言い分にじっと耳を傾けることである。そうすると、たいていの相手は内心驚く。まさか、自分の言い分をここまで聞いてくれるとは思わないからだ。しだいに警戒心が薄れ、無理をする必要がなくなり、こちらの主張を聞く準備が整っていくのである。

　大切な原則は、いつもシンプルかつ論理的である。しかし一見、論理的ではないように見えるため、多くの人は気づかないのだ。

　交渉を有利に展開するには、あなたの主張を相手に理解させなければならない。そのためには、相手があなたの主張を聞き、受け入れる準備を整えなければならない。そのために、相手の主張にじっと耳を傾けることが必要なときがある。そのタイミングを見誤らないことだ。

最後には、相手に「勝った！」と思わせてもいい

交渉は勝ち負けではないと述べた。しかし、それは私の心構えであり、あなたの心構えである。交渉相手に、「交渉は勝ち負けではありませんよ」と言ったところで、決して賛成してくれることはないだろう。

「こいつめ、そんなことを言って俺を騙そうとしているな。俺に不利な条件を呑ませて、この交渉に勝とうとしているな」と警戒心を強めるだけである。

交渉を勝ち負けと考えないのは、こちらだけでいい。ただ、もっとも望ましい結果を得るように努力するだけだ。しかし、相手は交渉を勝ち負けと考えている。だったら、相手に勝ったと思わせ、こちらは実を取ればいいのではないだろうか。ほんの些細な勝ち負け感覚が、交渉の成立を左右することもある。

姉妹のミカンの取り合いのケースで考えてみよう。表面上は、姉妹が1個のミカン全部を取り合っている。内心では、姉はマーマレードをつくりたい。妹はミカンが食べたくて、ミカンの取り合いをしている。以前、ミカンの取り合いをしたときはジャンケンをして、姉がミカン全部をもらい、妹はミカンが食べられなかった。そこで妹は、「このあいだは、お姉ちゃんが全部ミカンを食べたんだから、今度は私が全部もらう番だよ」と主張したとする。

このとき、姉はまだマーマレードをつくりたいという欲求を妹に知られていない。ここで姉が、「私はマーマレードをつくりたいだけだから、中身は要らないよ。全部食べれば」と言ったとする。妹が素直に喜んで、ミカンの中身だけもらって終わりになればいい。しかし、人間の心理は複雑である。次のように思うことも考えられる。

「この間、ミカン全部をお姉ちゃんに取られてすごく悔しかった。今回、お姉ちゃんはマーマレードをつくりたいだけだと言って、中身は要らないみたい。前回、私がすごく悔しい思いをしたのに、今回お姉ちゃんは満足しているなんて不公平だ。ミカン全部もらわないと気がすまない」

こうなると、交渉はすんなりいかなくなる。妹が勝ち負けにこだわりはじめたからである。しかし、姉が次にように言ったとしたらどうだろう。

「そうね。前回はお姉ちゃんが全部もらったから、今回はあなたが全部食べていいよ。食べ終わったら皮だけちょうだい。仕方がないから、マーマレードでもつくるよ」

こうなったら妹は、この交渉に完全に勝った気持ちになるだろう。交渉成立である。そして姉は、最初からほしかった皮を手に入れて大満足である。些細な勝ち負け感に、気を配るかどうかの差である。

また、言い方ではなく、表面上の駆け引きでの勝ち負け感を利用する手もある。

たとえば、損害賠償金の金額の交渉をしているとする。原告が賠償金として1000万円と主張し、被告が５００万円と主張している。被告側としては、８００万円程度で和解できればいいと思っている。この場合には、最後の最後まで８００万円という数字は出さない。７００万円くらいで粘りに粘るのである。そして、最後の最後、もう和解決裂寸前というとき、「わかりました。８００万円出しましょう」と譲歩するのである。

そうすると、どのような現象が起こるだろうか。相手は、７００万円で和解するかどうかということで悩んでいたところへ、最後になって８００万円まで上がったのだから、条件的に合意しやすい準備が整ったと言える。

そして、ここが大切なことなのだが、相手は、「最後の最後で交渉に勝った」と考えるわけである。この最後の勝利感が、相手方の背中を和解へと押してくれるのである。一方、被告側は、７００万円でまとまればそれはよいことではあるが、８００万円でも予定どおりだから、たいしたことはない。

ここで、「それでは負けではないか。相手を７００万円に譲歩させるようにするのが腕ではないのか」と思われるかもしれない。それは当然である。しかし、他のあらゆる手段を講じた、最後の最後に生じる人間の心理を説明したいのである。

ここで、７００万円で粘って判決となった場合、原告の主張どおりに１０００万円が認められてしまう可能性もある。被告側として、８００万円でまとまればよいと決めたら、そこに落とし込むように、すべての戦略を練って交渉することが大切なのである。

また、譲歩ではなく、おまけをつけるという方法もある。これは、自動車の販売などでよく使われる手法である。金額をどんどん値切っていって、最後の最後に、「もう勘弁してくださ い。その代わりにマットをつけますから」と、何かおまけをつけて、客に「とことんまで値切ってやったぞ」という達成感や勝利感を持たせて契約へと導く方法である。

人間は、勝ち負けが発生するものに関しては、どうしても勝ちたいと思うものだ。勝つことによって、自己評価が高まるからである。

しかし、勝ちだ、負けだと思わなければまったく関係ない。自己評価は、あなたの交渉力によって自分自身が満足する結果が得られれば、十分に得られるからだ。些細な勝ち負けなどに精力をつぎ込む必要はどこにもない。勝ちたいと思っている相手には勝ったと思わせてあげよう。そして、あなたは満足する結果を手に入れよう。相手もハッピー、あなたもハッピーだ。

脅しに対する反発を招かない方法

人間が動くときは、動きたくなったときか、動かないと不利益を受けるため、しぶしぶ動くときである。私たちは、利益を得たいという気持ちがある反面、不利益を被るのを避けたいという欲求がある。脅しとは、この不利益面に焦点をあてた交渉方法である。

たとえば、次のようなものが脅しによる交渉である。

「賠償金を1000万円払え。1週間以内に払わないと裁判だ」

「この条件で取引しないと、マスコミにばらすぞ」

「給料の減額に応じないと、辞めてもらう」

このように、「○○しないと、こうするぞ」というのは、一般的な脅しによる交渉である。

たしかに、脅しが実行された場合には重大な不利益が身に降りかかってくるため、脅しに屈しそうになる。しかし同時に、このような言い方をされると、反発する心も生じてこないだろうか。「何だと！　やれるものならやってみろ！」という気持ちが生まれてくるはずだ。

これは、相手の自尊心や自己評価に配慮が足りない脅しだからである。相手の自由な意思決定を抑えつけて意思決定させようとするため、相手の自尊心や自己評価が反発を起こすのである。

交渉に脅しが有効であるなら、脅しを使うのもよい。しかし相手には、脅していると認識されないようにしなければならない。相手を脅すときであっても、相手の自尊心や重要感に配慮しなければならないのである。

たとえば、先ほどのセリフを次のように換えてみたらどうだろう。

「賠償金を1000万円要求します。1週間だけ待ちます。こちらも資金繰りが楽ではないので、だめなら、とりあえず裁判で解決しませんか」

「この条件で取引を開始しませんか。放っておくと、いつマスコミがかぎつけるかわかりません」

「給料の減額に応じてくれませんか。今の会社の体力では、これまでの給料のままでは雇用し続けることは不可能になってしまいます。それだけは避けたいと思っています」

ほんの少し表現を換えてみただけである。しかし、先ほどの表現のようには反発心は湧き上がってこないはずだ。人間にも、作用と反作用の法則があてはまるということである。だれでも、頭ごなしに「言うことを聞け！」と言われると反発したくなる。しかし、同じことを言っても、力が働く方向を少しずらしたり事実として示すだけで、反作用が働かなくなる。

「この条件に応じなければ、こうしてやる」ではなく、「この話し合いが成立しないときは、こうなってしまいます」

と、自分の意思を表現しないようにしよう。

相手に考えさせ、提案させる

人は、自己の重要感を持ちたがるものだ。それは、D・カーネギーの『人を動かす』でも強調されている。人を動かすためには、人に重要感を持たせることが重要と書かれている。

同じことは交渉にも言える。交渉において、自己の重要感を感じる場面のひとつは、自分が提案し、自分自身が選択をしたときである。このとき交渉者は、自己の重要感を満足させる。

しかし、他人の主張を受け入れるとき、他人の説得に屈して合意させられそうなとき、人は反発したくなる。自己の重要感に対する脅威を感じるからである。ならば、相手の重要感を満足させてあげよう。

先ほどの鈴木兄弟の相続事件を振り返ってみよう。客観的な判断基準の提案をしたのは、常に兄の一郎である。弟の次郎は、それが気に入らなかったのかもしれない。すべて兄が提案し、それに沿って交渉が進行していること自体が気に入らなかったのかもしれない。

しかし、兄の一郎がこの法則を身につけていた場合、どう言っただろうか。

「私は、路線価と減価償却費を基準にし、君は近隣相場を基準にして、双方に食い違いがあるようだ。金額算定について、双方が納得できる基準が何かないだろうか」

不動産の価格算定について、不動産鑑定士の助けを借りることが合理的な方法であることはだれでも知っている。そこで、その提案を次郎に言わせるのである。ここで次郎が、「それでは、不動産鑑定士に鑑定させるのはどうだろう」と言ったとする。すると一郎は、「それはいいアイデアだ。公平な立場にある不動産鑑定士に鑑定してもらい、その結果に2人とも文句を言わないようにしよう」と続けることができる。

こうすれば、次郎が提案したアイデアに沿って、今後の交渉が進められるわけである。一郎は、公正な価格で決着をつけたいわけだから予定どおりである。続けて、こう言えばいいだろう。

「私に知り合いの不動産鑑定士がいるが、それでは不公平だろう。不動産鑑定士を選ぶのに、何かいいアイデアはないだろうか」と水を向ける。

次郎は、「では、双方で不動産鑑定士を選んで、その中間を取るのはどうだろう」とか、「双方が、まったく関係のない不動産鑑定士を選ぶのはどうだろう」と提案をしてくるだろう。一郎は、最適だと思った提案に飛びつき、「それはいいアイデアだ。そうしよう」と同意すればいいのだ。

同じことを言っていても、自分が提案したことと相手から提案されたことの間には、重要度において雲泥の差がある。子供のとき、自分で勉強をはじめたら真剣にやるのに、勉強をしようと思っていたところに親から「勉強しなさい」と言われると、とたんにやる気がなくなるのと同じである。

このような人間心理をうまく利用しよう。些細なことだが、大切なことである。

こんな話を聞いたことがある。

「私は、大学を卒業してから電気メーカーに就職し、営業の仕事をしてきました。しかし、他人とのコミュニケーションが下手で、成績は最下位という状態でした。会社での人間関係もうまくいかず、うつ病になってしまいました。その結果、会社も辞めてしまい、自宅療養をすることになりました。私はすっかり自信をなくしてしまい、自分は世の中で必要とされていないのだと信じるようになり、自殺願望も出てきました。

ほとんど自宅にこもっていたのですが、病院には行っていました。ある日、病院からの帰りに、駅で困っている様子の、白い杖を持った目の不自由な人がいました。そこで、私は勇気を持って話しかけたところ、どの電車に乗ったらいいのかわからない、ということでした。私は、その電車に乗せてあげて帰ってきたのですが、その人は、私に何度も頭を下げ、「ありがとうございました。本当に助かりました」と言っていました。

私は、この出来事に衝撃を受けました。私はそれまで、自分が役に立たない人間であり、生きている価値はないものと信じていました。死ぬことさえ考えていたのです。しかし、そんな私に「ありがとう」と言ってくれる人がいたのです。私は帰り道、涙が溢れ出てきました。こんな私でも、他人にしてあげられることがあったのです。ほんのわずかではありますが、他人の役に立つことができたのです。

その後、私は徐々にではありますが前向きになり、介護の方面の勉強をはじめ、何とか仕事ができるまでに回復しました。あのとき私は、「ありがとう」と言われました。しかし、私のほうこそ、心から「ありがとう」と言いたい気持ちです」

自分に対する重要感は、人の人生まで変えてしまうという例である。相手に重要感を持たせてあげよう。

相手の気に絶対に負けないこと

私は基本的に、論理的思考や合理的思考を好む。交渉技術を考えるにあたっても、「交渉の目的は○○だ。だとすると、○○という方法が有効だ」というように、論理的に考えることを好む。しかし、これまで数多くの交渉を行なってきた経験上、論理的に説明はできないが、きわめて重要と考えている鉄則がある。

それは、**「相手が押し出してくる気に絶対に負けないこと！」**ということである。ときどき、交渉しているだけですごい圧力を感じさせる交渉者がいる。そのようなとき、その圧力に負け、あるいは気に呑まれてしまうと、相手の思いどおりに交渉がまとまってしまうことになる。体は圧力に負け、眼力は負け、声も弱々しくなってしまう。しかし、これでは交渉に勝てるはずがない。

このようなときは、「気迫だけは絶対に負けない！」と固く決意するだけでいい。実は、それだけで負けないものである。相手の気を呑んでしまうことができれば、それに越したことはないが、そんなにうまくいくものではない。要は、負けなければよいのである。

相手の気に負けていると、気は頭から抜けてしまう。そこで、意識を下腹部に持っていく。いわゆる「丹田」という部分である。相手の圧力が強いと、呼吸は短く浅い胸式呼吸になってしまう。そこで、胸式呼吸でなく、腹式呼吸をこころがける。

また、姿勢でも負けてはならない。相手がぐっと身を乗り出して圧力をかけてきたら、その圧力から逃げたくて後ろに退いてしまうが、ここで退いてはならない。相手の動きに合わせることなく不動でいるか、逆にこちらもぐっと身を乗り出すのである。視線でも負けてはならない。相手がにらみつけてきたら目をそらしたくなるが、目に力を入れて見つめ返そう。相手に圧力をかけられると声がうわずってしまうが、声も意識して低くすることだ。

このように、表面的なことを意識するだけで心も変化してくる。自分の心は、自分自身でコントロールすることが可能なのである。

私は一時期、「武士道とは、死ぬことと見つけたり」という言葉を座右の銘にしていた。厳しい交渉に身を置いていた時期のことである。前にも述べたが、交渉においては、決裂の覚悟を決めることが大切である。

またそのほかに、相手の圧力や脅しに対して、「たとえ、その脅しが実行に移されたとしても、俺は負けない！」という決死の覚悟も必要である。結局、生きようとしていると、弱みが出るが、いったん覚悟を決めてしまうと、最後まで強くいられるものである。そして、そのほうがよい結果が出るものだ。私は別に、生き死にの交渉をしていたわけではないが、そんなことを常に考えていたし、今でもそう思っている。

「仮に、○○だったらどうですか？」で相手を見抜く

相手の腹を探るのに有効な会話法として、**「仮に、○○だったらどうですか？」**というものがある。交渉においては、必ずしも常に自分の立場を示してからでないと、相手の出方を探れないというわけではない。

自分自身の立場を示してしまうと、「それでは、今回は無理ですね。話はこれまでということで……」と席を立たれてしまうかもしれない。それを防ぐためにも、仮定的質問により、「もしかしたら、私は○○という提案をするかもしれない。そうしたら、あなたはどうしますか？」と聞いてしまうのだ。この仮定的質問を重ねることによって、相手の腹を知ることができる場合がある。

土地の売買交渉において、売主がほかにも声をかけているか、値段についてはどの程度と考えているか、あるいは急いでいるかどうかなどを知りたいときは、次のように言うことができる。

「仮に、手付けで○○○円出した場合、すぐに契約してもらえますか？」

「○○○円で買い希望を出せば、即決してくれますか？」（間を置いて、金額を変えて何回か繰り返す）

「仮に、売買価格を○○○円とすると、決済は3ヶ月後でもいいですか？」

営業をかけられている場合には、次のような使い方がある。

「仮に、まとめて○○○○個仕入れるとしたら、いくら値引きしてくれますか？」

そこで営業マンが「2割値引きできます」と答えたとすると、「それで元が取れるなら、○○個でも1割は引いてくれるね」と攻めていくことができる。

「仮に、まとめて○○○○個すぐにほしいと言ったら、在庫はある？」と聞いて、営業マンが「○○○個は在庫がございますが、○○○個は2週間後になります」と答えたら、「だめだよ。すぐにほしいんだから。じゃあ、○○○個でいいから、その代わり値引きしてよね」と交渉することができる。営業マンが「すぐにご用意できます」と回答したら、それは放っておいて、次の質問に移ればいい。とりあえず、在庫は豊富にあることはわかったのだから。

とにかく仮定的質問をすると、売主としては、買主が場合によってはそのような意思があるものと考え、まともに回答をしなければならないような気持ちになる。その結果、売主が置かれている状況や考えがしだいにわかってきて、交渉戦略を有利に展開することができるのである。

もちろん、相手がこの質問法を用いてこちらの情報を探ろうとしてきたときは、相手にその気があるかどうかをすばやく見抜き、意図的に撹乱して自分の望む方向に相手をコントロールしていくことになる。

　そこまでする自信がないときは、「仮定の話はしたくない。実際に提案があれば検討しますが、そうでない限り、仮定の話はしないでください。時間の無駄です」と答えて拒否することだ。そうでないと丸裸にされてしまう危険がある。

相手の要求の背後に隠された真の要求を見抜く

　では、鈴木さんの相続の話に戻ろう。一郎氏が土地建物を相続し、その代わり、その土地建物の評価額の2分の1に相当する金額を次郎さんに支払うことになった。問題は、その金額の算定方法である。一郎氏が、双方から独立した不動産鑑定士の鑑定結果によって金額を算定し、双方はそれにしたがうという基準を提案したところ、次郎氏はこれを拒絶した。

一郎「この土地建物は、父が残してくれた遺産だ。公正に算出された金額で買い取りたい。そのためには、双方から独立した不動産鑑定士に算定してもらうのが望ましいと考えているが、どうか」

次郎「不動産鑑定士の判断など、あてにならない。とにかく5700万円までしか負けらない」

一郎「なぜ、5700万円なのか。近隣で売れた土地建物の価格を参考にしたと言っても、もう4年も前のことで、不動産価格の変動があるではないか。それに道路付けも違うし、建築年数も違うはずだ」

次郎「そちらは自宅が手に入るのだから、5700万円くらい払ってもいいだろう。近くの不動産業者に聞いても、6000万円はくだらないと言っている」

一郎「わかった。では、その近隣の売買価格を基準としよう。そして、この4年間の地価変動率、建築年数、道路付けによる修正を加えて、不動産鑑定士と複数の不動産業者に見積もりをしてもらい、その平均を取るのはどうだろうか」

次郎「そんなやり方には納得できない。5700万円で、合意するかしないかだ。実際にこの土地建物を売りに出したら、もっと高く売れるかもしれないだろう」

このように、どんな客観的基準を出しても相手が乗ってこない場合には、相手は公正な基準を求めているのではなく、その金額に固執している可能性がある。

また、交渉における勝ち負けに固執しているのかもしれない。もちろん、ほかの理由かもしれない。とにかく、表面上の交渉の裏に、隠された真の要求があるのだ。それを探り出そう。

不動産業者が客を物件に案内し、「お買い得物件です。決めてしまいましょうか」とクロージングに入ろうとしたとき、「それだけの金は用意できないから考えさせてくれ」と言われたとする。

不動産業者は、「うちでローンを斡旋しましょう。大丈夫ですよ」と言う。客は、「妻にも最終的に相談しなければならないし、やはり無理だよ」、「では明日、奥様をお連れになっていらしてください」

客「引き渡し期日が遅すぎる。うちは、1ヶ月後には今の家を出なければならないのだ」

業者「では、家を出てから引き渡しまでの期間の家具の保管と代替物件を、当社が用意しましょう」

客「でもねえ……」

このように、客の反論をすべて論破しても、次から次へと違う理由を主張して契約を逃れようとする場合、やはり表面で主張する理由とは別の、真の理由が隠されている場合がある。それを探ろう。

次々に繰り出される客の反論を、穏やかかつ冷静に論破し尽くそう。また同時に、「お支払総額が問題ですか？」、「頭金を低く抑える方法もありますよ」など、通常、客が心配しそうなことについて、注意深く質問していくことである。

そして、客が抱えている真の理由を探求し、一緒に解決してあげよう。それが解決すれば、客は買わない理由がないような気持ちになってくるはずだ。

交渉においては、表面上さまざまな主張をし合うが、真の要求は、表に現われていないことも多い。それを注意深く探るようにしよう。そして、その真の要求を満たしてやることだ。

そうすれば、表面上の要求など、取るに足りないことになってしまう場合も多い。

いくら、相手が拒絶する真の意図を探ろうとしてもわからないときは、思い切って聞いてしまおう。それしか手はない。

「率直におうかがいしたいことがあります。今、お決めにならない本当の理由は何ですか」

相手が「今、話している理由ですよ」などとはぐらかせてきても、「決めるか決めないかは、お客様の自由です。しかし、お互いにこれだけの時間を費やし、お客様がお決めにならない理由については、すべて解決できたと信じています。にもかかわらず、お決めにならないのは、何か他に理由があるのではないでしょうか」と突っ込んでみよう。ここまできたら、多少失礼にあたったとしても、率直に聞いてみるべきである。

しつこく聞いていくと、案外教えてくれるものである。そこからが、また本番である。

相手のことを正確に見抜けないときはどうなってしまうか、『イソップ物語』から学んでみよう。

「ある仕事好きな女主人が、若い召使たちを雇っていたが、早朝、鶏の鳴き声を聞くと、暗いうちに召使たちを起こして仕事をさせていた。召使たちは仕事のために疲れが取れないため、みんなで相談して、家の鶏を絞め殺すことを決めた。と言うのは、召使たちは暗いうちに女主人の目を覚まさせる鶏こそ、これらの悪いことの原因だと思ったからである。召使たちが鶏を殺してみると、召使たちは前よりももっと酷い目に遭うことになった。と言うのは、女主人は鶏の鳴く時刻がわからないので、前よりももっと暗いうちに起こして仕事をさせるようになったからである」

つまり、相手の考えについて、勝手に自分で解釈してはならないという教訓である。正確に、相手の真の要求を探ることが大切である。

あなたの力を相手に認識させよう

交渉には、力が必要である。力は、あなたの行動が相手に及ぼす影響力だ。その影響力は、相手が望む影響力もあれば、相手が嫌がる影響力である場合もある。評価額200万円の自動車を買うのに、「250万円で買いましょう」と言うことができれば、あなたには力があることになる。

また、強盗が包丁を首筋に突きつけ、「この場で、あり金を全部出さないと喉笛を掻き切るぞ」と言えば、その強盗は力があることになる。

ただし、注意すべきことがある。交渉における力は、客観的に存在する力ではない。相手が認識している力だ。

つまりあなたが、「評価額200万円の自動車を、250万円で買いましょう」と言ったとしても、相手が嘘だと思っていれば、それは力があるとは言えない。強盗が包丁を首筋に突きつけ、「この場で、あり金を全部出さないと喉笛を掻き切るぞ」と言ったとしても、相手が包丁を偽物だと思ったり、その強盗には、それだけの勇気がないと思われれば、強盗には力がないということになる。

交渉における力とは、あなたが持っているものというより、相手の頭の中にあるものと言えるだろう。

つまり、相手があなたのことを、「この人は、250万円支払う能力がある」と認識しているかどうか、「この強盗は、本当に包丁で私の首を切る能力と勇気がある」と認識しているかどうか、によって決まるのである。

したがって、交渉をする際には、「相手は、私の力を正しく認識しているかどうか」を探り、正しく認識していないようであれば、正しく認識するように働きかけなければならない。そうでなければ、いくら交渉のテクニックを使ったところで、それが有効に働かないことになってしまうからだ。

会社を突然退職した社員がいた。話し合いもなく突然辞めたことから、他のスタッフがその社員の分も働かなくてはならなくなったことで、会社は新しい人材を募集しなければならなくなり迷惑を被った。そのため会社は、その社員に対して、最後の給料も退職金も支払わなかった。

そこで、その社員の代理人として、会社に対して未払給与及び退職金の請求を行なった。ところが会社側は、「彼に急に辞められて、こちらこそ大損害だ。給料と退職金はその損害と迷惑料に充てさせてもらう」と言って支払に応じない。そこで、「では、裁判をしますよ」と言ったとする。

ここで会社が、未払給与と退職金を、会社が被った損害と迷惑料に充当できるのだと認識していれば、この言葉は何の効力も発揮しない。しかし、労働基準法により、支払うべき給料に対しては、原則として相殺ができないのだという知識があれば、会社側は、どうせ負ける裁判だと思い、交渉に応じてくるはずだ。

であれば、社員側としてはまず会社側に対して、「給与に対しては相殺できない」、つまり社員は、未払給与を当然に請求できる権利があることを認識させなければならない、ということになる。

それを会社側に認識させたとき、社員側は、交渉の力を手に入れたことになるのである。

雨が降ったあと、道を歩いていて、ある男が水たまりを踏んで水がはね、あなたのズボンにかかってしまったとする。相手は普通のサラリーマン風だ。あなたはたまたま虫の居所が悪く、その男に、「おい。このズボンをどうしてくれるんだ。クリーニング代をよこせ」と言ったとする。あなたが有利だ。すると、その男がおもむろにシャツを脱いだところ、背中と腕に入れ墨が彫ってあった。男は急に険しい表情になり、「お前。俺から金をむしり取ろうとはいい度胸じゃねえか。それだけの覚悟はできてるんだろうな。ちょっと、事務所まで来てもらおうか」と言ったとする。

この時点で、相手の男は交渉の力を得たことになる。普通の格好のときは、あなたは相手がだれかがわかっていないため、相手の力を認識していない。しかし、相手がヤクザであることを認識した時点で相手の力を認識し、力関係が逆転することになった。

このように、交渉においては相手方の力をどの程度のものとして認識しているか、が大きな鍵を握ることになる。ちなみに、相手が認識する力は、真実の力かどうかとは別の問題である。

昔、担当した事件である。ビルの1階を賃借して衣料品店舗を経営していたところ、ビルのオーナーが、ビルを建て替えるということで立ち退きを要求してきた。私は、その衣料品店から依頼を受けて、立ち退き交渉を開始した。オーナー側は、他のテナントはすべて出してしまい、あとはこの店舗が残っているだけだった。他方、その衣料品店は、月の売上げが思うように伸びず、退店を考えているところだった。

この事件は、交渉では話がつかず、訴訟になった。私の役割は、なるべく多額の立退料を確保して、衣料品店を退店させてやることだった。しかし訴訟では、そのようなことはおくびにも出さず、立ち退きは不当であり、衣料品店は、このビルで店舗を経営し続ける権利があると主張した。

それは、ビルのオーナーは、他のテナントをすべて出し切っていて、今からまた他の階にテナントを入れる気はないと推測していたこと、ビルの謄本を取ってみると、まだ銀行に対する債務が残っており、なるべく早く衣料品店を立ち退かせてビルを立て替えなければ、銀行に対する返済が行き詰まってしまう可能性があると踏んだからだ。また、訴訟の見通しも考えると、オーナー側からは、必ず和解の申し出があると予想していたからである。

訴訟は、相手のミスもあって、幸運にも当方の勝ちが予想される展開になっていた。しかし、私の役目は訴訟に勝つことではない。訴訟に勝っても、早晩、この衣料品店は出ていかなければならない。しかし私は、勝訴をめざして訴訟遂行している風を装った。

そうこうしているうちに、裁判所が間に入って和解勧告となった。判決になったときは、当方が勝つ見込みが濃厚である。そうなると、オーナー側の計画は完全に頓挫し、この先何年もこのビルは塩漬けになってしまう。

そこで、相手方が大幅に譲歩して、衣料品店に3000万円の立退料を支払うことで和解した。衣料品店は喜んで退店し、オーナー側は何とかビルを建て替えることができた。

ここでオーナー側が、衣料品店は売上げが上がっておらず、早晩退店せざるを得ない状態であることを知っていたら、こんな結果にはならなかったはずだ。ただ、待っていればよかったからだ。

しかし、こちらが断固立ち退きを拒絶し、この先、何年もこの店舗で衣料品店を経営する権利があると主張していたこと、訴訟でも形勢がオーナーに不利になっていたことから、こちらの力が強大に見えたのである。オーナーは、私たちが自分のビル建て替え事業をぶち壊す力を持っているものと誤信したのである。その結果、このような立退料が出てくることになったのである。

この例からもわかるように、交渉における力とは、真実であるかどうかとは関係がない。ただ、**相手があなたの力をどのように認識するかにかかっている**のである。相手が、あなたの力が強大だと思えば交渉力は強大になり、たいしたことがないと思えば、交渉力は弱まってしまう。

もちろん、逆もまた真であり、相手の力を正確に見抜かなければならないことは言うまでもない。

3章

交渉をコントロールする

脅しは、無視するか利用する

交渉において、脅しはよく使われる。「交渉とは脅しである」とまで言う人もいる。脅して相手を恐怖心に陥れ、その恐怖心を利用して譲歩を迫るわけである。

人質を取って立てこもる犯人は、次のように交渉するだろう。

「午後3時までに、ガソリンが満タンに入ったジープを用意しろ。用意できない場合は、人質を1人殺す」

これは、脅しによる交渉である。犯人にとって、最大の交渉の武器は、人質の安全である。警察は、人質の命が失われることをもっとも恐れているからだ。このとき警察は、人質の命を助けたいがために、犯人の要求に屈したくなってくる。

「いったん逃がして、そのあとで捕まえればいいじゃないか」と考えたくなる。「そうでもしなければ、人質が殺される」――これが恐怖である。

暴力団も、脅しによる交渉を得意とする。彼らにとって、圧倒的な暴力が交渉力の源泉である。取引を強要されている場合、「若い衆がそっちに行くぞ。血の気が多いから、暴れると言うとるぞ」、「いい度胸しとるやないけ。こっちも腹すえていくから、夜道には気をつけとけよ」などと言われたら、何をされるかわからないと思い、震え上がってしまう。ちょっとした金額なら、つい取引を開始してしまうかもしれない。そして、その取引金額はしだいに大きくなっていくはずだ。

私たち弁護士が交渉するときも、一種の脅しのようなものである。

「15日までに、損害賠償金５００万円をお支払いください。仮に、期日までにお支払いなき場合は、ただちに法的手続に着手します」

言葉遣いは丁寧だが、要するに、「金を払え。払わないと裁判だぞ」と脅しているようなものである。

このような脅しを使われると、その結果を考えて、つい脅しに屈したくなる。それこそが、脅す側の狙いであり、二者択一を迫るのである。

人質犯は、「俺たちを逃がすか、人質を殺すか」

暴力団は、「取引をするか、怪我をするか」

弁護士は、「金を払うか、裁判にかけられるか」

という二者択一である。片方の選択肢が怖ければ怖いほど、効果は高くなる。

ここで、恐怖に心をコントロールされないことが大切である。「自分が拒否した場合、はたして相手は脅しを実行するかどうか」を見きわめることである。つまり、相手の置かれた状況に立ってみるのである。

「人質犯は、人質を殺すか。殺したら、もし捕まった場合、刑が重くなる。不利になることは明らかだ。強行突入の可能性も出てくる。それを理解しているか」ということを考えるのである。

「暴力団は、本当に暴力を行使するか。暴力団が一番怖いのは警察だ。逮捕されることを覚悟してまで、この程度の取引に固執するだろうか」ということを考えるのである。

「裁判をしたら、相手だって時間も費用もかかる。本当に裁判をやってくるか。単なる脅しで、ある程度の金額でカタをつけたいと考えているのではないか」ということを考えるのだ。

そして、脅しが単なる脅しだという結論に達したら、断固拒絶すればいい。

しかし、単なる脅しだと確信できなかった場合、どうするか。

そのときは、**脅しを無視するかはぐらかすか、期限を延期させる**。または、重要なことでないように振る舞うことである。つまり、脅しがまったく効いていないかのように振る舞うのである。脅しを交渉手段として使う者は、その脅しが、どの程度効果を発揮しているかを注意深く見ている。そこで、その脅しが意外と効果的ではないことを相手に見せつけるわけである。

犯人の要求に対して警察側が行なうことは、「時間稼ぎ」である。「今、用意させているが、もう少し時間がかかる」と言って、約束の期限を延期させようとする。いったん延期してしまうと、「午後3時を過ぎたら、人質を1人殺す」という脅しは、「午後4時を過ぎたら、人質を1人殺す」、「こうなったら、午後5時が最後だ。今度こそ人質を殺す」というように、どんどん脅しの効果が薄れていってしまい、期限はあってないようなものになってしまう。犯人だって、要求が通るか通らないかの微妙なところで人質を殺して、事態を悪化させたくないはずだ。

また、暴力団も同じである。「若い衆がそっちに行くぞ。血の気が多いから、暴れると言うとるぞ」と言われても、何事もなかったように、「取引と言われても、うちにメリットはありませんからね」などと、何のコメントもせずに普通に会話を続けるのである。脅しに対して反応がない場合、もう一度それを繰り返すか、違う脅しを使わなければならなくなる。そうしたら、また無視すればいい。こうして、脅しはどんどん力を失っていく。

弁護士の裁判脅しの場合も同様である。「5日以内ということでしたが、検討する時間がほしいので、数週間ください」、「裁判の前に、少し話し合いをしてみませんか」などと、期限をなし崩しにしていく。

そうすると当面、話し合いが決裂するまでは、なかなか裁判に踏み切れなくなり、当初の勢いはなくなっていく。

脅しは一撃必殺である。最初の脅しがもっとも攻撃力があるが、何度も繰り返すうちに攻撃力は弱まっていく。交渉回数が増えていくと、力が弱まっていくのである。そのようにしてじっと耐えながら、逆転のチャンスを狙うことである。

能で有名な世阿弥は次のように言っている。

「時分にも恐るべし。去年盛りあらば、今年は花なかるべき事を知るべし。時の間にも、男時・女時とてあるべし」

「時分」は時の運、「男時」は勢いのあるとき、「女時」は勢いのないときである。交渉の力関係は流動的である。圧倒的に相手方に有利だと思っていても、時間の流れの中で、こちらに流れが傾いてくることもある。それまでじっと耐えることである。そして、流れがこちらに傾いたと思ったら、一気に攻め込むのである。

脅しを利用するクロスカウンター

逆に、脅しを利用するテクニックもある。脅しを、交渉に利用する側に立って考えてみよう。その狙いは、脅しで相手を震え上がらせて、最大限に譲歩を引き出すことである。脅しによって最大限に譲歩したと感じたとき、最大限の成果を上げたと考えて交渉が成立する。

そうであれば、こちらが脅しに屈して最大限に譲歩した、と相手に錯覚させればいいことになる。

たとえば、「午後3時までに、ガソリン満タンのジープを用意しろ。さもなければ、人質を1人殺す」と犯人が脅してきたとする。そのとき警察が、「待ってくれ。人質を殺すのだけはやめてくれ。そんなことをしたら、警察の信用は地に落ちる。人質の命が守れるなら、何でも言うことを聞く」と言ったらどうなるか。犯人はほくそ笑み、「しめしめ、警察め。俺の脅しに震え上がっているぞ。もっと脅せば俺の要求は通るだろう。もしかしたら、助かるかもしれない」と感じるはずだ。

そして、午後3時の期限ぎりぎりになる。犯人は、「まだか！　もうすぐ午後3時だぞ。人質が死んでもいいのか！」と叫ぶだろう。警察は、「今、手配をしているが、ジープがどうしても用意できない。時間を延長してくれないか」と言う。犯人は、「だめだ。どうしても用意しろ。人質を殺すぞ！」と、かさにかかって脅してくる。

そのとき警察が、「それだけはやめてくれ、頼む。今、用意できるのは、普通のセダンだけだ。人質の命を守るためには何でもするが、どうしても用意できないんだ」と言ったとする。犯人はどういう判断をするだろうか。

（警察は、これだけ人質が殺されるのを恐れている。それにもかかわらず、ジープが用意できないと言うのだから、これは本当ではないか。本当にセダンしか用意できないのではないか。もう時間がない。これで我慢しよう）

こう計算するのではないだろうか。こうして、あらかじめ用意した、外部から運転がリモートコントロールでき、中からはドアが開かないセダンに犯人を乗せ、逮捕することができるのである。

弁護士が、「15日までに損害賠償金500万円をお支払いください。仮に、期日までにお支払いなき場合には、ただちに法的手続に着手します」と言ってきたらどうするか。

「待ってください。裁判はやめてください。話せばわかります。何とか話し合いで解決がつきませんか？」

こう言われたら、弁護士は、「しめしめ。こいつは裁判を怖がっているぞ。譲歩しないときは、裁判をちらつかせて最大限に譲歩を引き出そう」と考えるだろう。そして、折にふれ、裁判をちらつかせて交渉するだろう。

こちらは、裁判を恐れているふりをすればいい。そして最後に、「もう、これで勘弁してください。これ以上はどうしようもありません。これでだめなら、裁判でも何でもやってください。でも、これ以上は取れませんよ」と言う。

弁護士は、「ここらが潮時だな。これ以上は裁判をやっても取れそうにないな」と判断し、依頼者を説得して和解してくれることだろう。

あなたは、演技によって有利な結果を得ることができ、相手は、脅しによって最大限の勝利を勝ち取ったと考える。双方がまあまあ満足し、ハッピーではないか。

自分自身さえ納得することができれば、実を取ることは十分に可能なのである。

相手の勢いに押し込まれそうになったとき

相手の弁舌が流れるようにスムーズで、完璧なプレゼンテーションのように淀みなく、途中で口を挟む間がないほどスキがない場合はどうするか。そのような場合、相手の説得が終わっても反論できず、つい「イエス」と言いたくなってしまう。しかし、交渉をしている以上、あなたは、自分に有利な結果を勝ち取らなければならない。

そのような交渉手段を取る者の武器は「流れ」である。その弁舌は、川が流れるように上流から下流へと自然に流れていく。逆流することはあり得ない。そのような武器がわかったら、その武器の威力をはぎ取ってしまうことである。

相手の武器が「流れ」であるなら、流れを遮断してしまえばいい。相手が用意周到に準備した説得論証の途中で、**「あっ、ちょっと1本だけ電話をかけさせてください」**と中断させてみよう。すると、完全に説得の流れやリズムが狂ってしまうはずだ。

また途中、**「すみません。お腹を壊していて、どうしても我慢ができません。トイレに行かせてください」**と言えば、相手は断れない。これでリズムが狂ってしまう。

あるいは、流れてきた水をもう一度、上流に戻してしまってもいい。相手の説得論証が頂点に達しそうなところで、**「ちょっとわからないところがあるのですが。ずいぶん先に戻**

りますが、この点はどういう意味なのですか?」と言って流れを遮断し、もう一度、流れを上流に戻してしまおう。勢いは、最初がもっとも強く、回を重ねるごとに弱まっていくのは前に述べたとおりである。

さらに、相手の説得論証を滝壺に落としてしまう方法もある。相手の流れるような説得論証をすべて聞いてしまってから、「うーん、よくわからないなあ。もう一度、はじめから説明してもらえますか?」と言ったらどうなるか。相手は、渾身の力をこめて弁舌をふるっていたが、実はそれがまったく意味をなしておらず、弁舌の流れはそのまま滝壺に叩き落とされたように感じるはずだ。もう一度、最初から説明し直すとき、相手は、以前の勢いを持って説明することは不可能となるだろう。

このように、勢いや流れを交渉の武器としている者に対しては、その勢いや流れを遮断することによって、交渉の武器を奪い取ることができるのである。

予想外の提案があった場合は即決しない

何事も準備が大切であり、交渉も例外ではないことはすでに説明したとおりである。交渉には、入念な準備が必要である。交渉の対象となっている事柄をよく研究して知り尽くす。自分の置かれた立場をよく考え、あらゆる場合について、ブレーンストーミングしておく。また、相手の置かれた立場をよく考え、相手の立場からもブレーンストーミングしてみる。そして、準備万端の状態で交渉に臨む。

しかし、いかに入念に準備をして交渉に臨んでも、まったく予想もしなかった事実を突きつけられたり、予想外の提案をされる場合がある。そのようなとき、ついつい動揺し、取り乱してしまいそうになる。

当然、そのようなときも、表面上は平静さを保たなければならず、微塵の動揺も見せてはならない。ポーカーフェイスというやつである。当然、予想の範囲内だと言わんばかりの態度を取るのである。

このような場合の最善の策は、**「即答を避ける」**ということである。相手が勢いづいて、回答を迫ってくる場合もある。「30分だけ待つから、その間に回答がほしい。それを過ぎたら、この話はなしだ」などと言われるかもしれない。

しかし、このようなときは動揺しており、冷静な判断ができなくなってしまっている。また、全体との関わりの中で十分な検討ができないかもしれない。そこで、何とか引き延ばしを図って冷静さを取り戻し、十分に検討する時間をつくり出さなければならない。

あるいは率直に、予想していなかったことを告白してもいいだろう。

「そのような提案があるとは、予想もしていませんでした。関係者とも協議しなければならないので、30分では無理です。3日後にまた話し合いをしませんか」と言って、時間を稼ぐのである。相手が即答を迫ってくるときは、相手に有利でこちらに不利なときである。したがって、安易に「イエス」と即答してはならない。引き延ばしを図ることである。

仮に、相手がどうしても、引き延ばしに応じないときはどうするか。

そのときは、思い切って「ノー」と言い切ることである。**「ノー」を「イエス」に変えることはたやすいが、いったん「イエス」と言ってから、あとで「ノー」に変えることはきわめて困難である**。これは交渉のプロセスから言っても当然である。

なぜなら交渉とは、対立する利害にある者同士が合意をめざす行為である。対立から合意へのプロセス、すなわち、「ノー」から「イエス」へのプロセスなのである。

したがって、いったん「ノー」と言ったものを「イエス」に変えることは合意に近づくことであり、自然なプロセスに則っているが、「イエス」を「ノー」に変えることは、対立から合意へのプロセスに逆行することになり、交渉決裂に向かう行為だからである。

したがって、どうしても即答しなければならないときは、とりあえず「ノー」と言うことだ。ただし、「ノー」は交渉決裂を暗示する。したがって、「イエス」か「ノー」かを明確に即答できないときは、「今、どうしても答えを出せとおっしゃるのであれば、ノーと答えざるを得ません。まだ検討していないからです。十分に検討した結果、改めてお答えさせていただきます」などと言って、イエスに変更する余地があることをほのめかせておくことも必要である。

相手をあなたの立場に立たせてしまう方法

交渉は、相手の合意を前提とする。したがって基本的には、相手の立場に焦点をあて、相手が同意するような提案をしていかなければならない。「相手の立場に立って考える」ということである。

しかし同時に、相手の心を変化させ、相手がこちらの案に同意できるような状況をつくり上げることも必要だ。今度は、逆に相手を、あなたの立場に立たせてしまう方法である。

労働組合が、会社に対して賃上げを要求した。3％の賃上げ要求である。3％の賃上げ要求に応じないときは、ストライキを断行すると言う。ストライキを行なったら、会社は大損害を被ることになるが、労働者側もまた、損害を被ることになる。会社側は、何とかストライキを回避しなければならない。

しかし会社としては、現在の苦しい財務状況において、賃上げなどできる状態ではなかった。会社側の代表者である総務部長は社長から、賃上げはいっさい認めない旨の指示を受けている。

したがって、3％の賃上げなど呑めるはずはないが、かと言って、交渉を決裂させてストなどになったら、会社をクビになるかもしれない。

総務部長はほとほと困りはてて、労働組合幹部に相談をした。

「実は、現在の会社の財務状況から考えて賃上げは無理です。しかし、ストライキなどになったら、会社は倒産しかねません。私は会社の代表として、この交渉に臨んでいますが、現在とても困っている。あなた方、労働組合の要求は十分に理解できます。しかし、あなた方の要求を持ち帰り、役員をどう説得すればいいのでしょうか」

すると、労働組合幹部は態度を軟化させ、「あなたもたいへんな立場ですね。しかし、労働者も生活を守るために必死なのです。私たちも、ストライキはできるだけ回避したいと思っている。会社の役員を説得する方法を考えてみましょう」と言って、そこから前向きな話し合いがはじまった。

組合は、総務部長が役員会議で役員を説得することができるように、会社の財務資料の分析をはじめた。その結果、会社の財務状況から考えて、3%も賃上げしてしまうと、どうしても資金繰りがつかなくなることがわかった。ここではじめて組合は、無理な要求をしていることを悟ったのである。そして検討の末、1%の賃上げを要求することで話がまとまった。

この結果を持って、総務部長は役員会議に臨んだ。今度は、労働組合と一緒に検討した財務分析結果によって、役員会議で1%の賃上げが可能であることを説明し、労働組合側は、賃上げ要求に応じないときはストライキも辞さない強い態度であることを伝えた。役員会議では議論が交わされたが、1%の賃上げであれば、何とか会社の資金繰りも大丈夫という結論になり、1%の賃上げで妥結した。

総務部長が、自分の力ではどうしようもなくなり、交渉相手に相談を持ちかけたことによって、交渉相手は総務部長の立場に立って、本件交渉を眺めることとなった。

その結果、要求が自分たちのことだけを考えたものであり、会社側の事情を考慮していないことを悟り、妥当な要求に変更することが可能となった。

交渉のときは、相手の立場に照準を合わせて、相手が同意するような提案をしていくことが大切だが、相手が自分の事情しか考えておらず、こちらの事情をまったく考えていないときは、相手をこちらの立場に立たせてしまい、こちらの立場から問題を考える機会をつくってみることが、交渉を大きく前進させることになる。

有効に休憩を取る

交渉においては、休憩を有効に取るようにしたい。厳しい交渉になると、かなりの時間を費やすことになる。しかし、私たちの脳は、連続して何時間もフル稼働できるようにはできていない。

集中してフル回転したら、少し休憩させなければならない。脳は、いったん疲れてしまうと、回復するのに相当の時間がかかるからだ。脳が疲れた状態では、適切な判断ができず、交渉にも悪影響を及ぼすことになる。

あなたが学生だった頃、勉強するとき、どのような休憩の取り方をしただろうか。通常は、1時間勉強して10分休むといったような、時間で管理する方法か、あるいは１００ページまで読んだら休憩するといった、量で管理する方法だろう。

しかし、毎日の体調もあるし、疲れやすいときもある。必死になって1時間勉強したはいいが、へとへとになってしまい、休憩しても回復せず、その後の2時間が無駄になってしまったことはないだろうか。

このような休憩の取り方を、自己満足型休憩法と呼んでいる。つまり、「1時間勉強をやりきったから、休憩していいのだ」、「１００ページまで読んだから、休憩していいのだ」という、自己満足によって休憩を決定してしまっているからだ。

しかし、私の交渉理論は目的達成型だ。交渉の目的が双方の合意であれば、単に自分の都合だけを述べる自己満足型交渉は行なわない。相手の同意をめざす交渉方法を考える。休憩もまた同じである。

休憩の目的は、稼働した脳と精神を緊張から解放し、次の稼働に備えることである。だとすると、限られた時間内の休憩で、次の稼働に耐え得るだけの回復が可能でなければならない。

そう考えると、休憩を取るタイミングというのは、何かを達成したときではなく、「疲れてしまう前」ということになる。完全に疲れ切ってしまってからでは遅い。回復に、長時間かかってしまうからだ。

しかし、疲れてしまう前に休憩を取ると、短時間で回復が可能で、すぐに次の交渉に入ることができる。そのようなタイミングで、休憩の提案をするのだ。休憩交渉もひとつの交渉だが、自分自身の体調をよく分析して行なうことである。

また、交渉中に休憩を取る目的はもうひとつある。それは、**交渉の流れを変える**ということである。完全に相手のペースで交渉が進んでしまっているときは、戦略的に休憩を入れることによって、そのペースからいったん解放され、作戦を立て直して仕切り直しをする、という目的もあるのだ。スポーツ競技で、流れが自分のチームに不利なとき、戦略的にタイムをし、流れを変えようとするのと同じである。

交渉が相手のペースで進み、どんどん押し込まれているときは、放っておくとそのまま不利な条件で同意してしまう可能性がある。

そのようなときは、トイレでもいいし電話でもいいし、「もう時間だ」と言ってもいいだろう。とにかく休憩を入れて、交渉の場を離れることである。そして、頭をリフレッシュして、気持ちを切り替えるのだ。相手は、自分のペースで進んでいるから、休憩を取らせないようにするだろう。

しかし休憩は、多少強引にでも取ってかまわない。それで、相手のペースは確実に乱れるはずだ。しかも、休憩を取る取らない、というやりとりをするだけでも、少しの間、交渉対象から離れて、すでにペースが変わっていることも多い。

そして、休憩から戻ったとき、相手が休憩前のペースで押し込もうとしてきたら、休憩を取った目的を生かし、「このあたりで、いったんこれまでの交渉を振り返って、双方で確認し合いましょう」と提案し、さらにペースを乱すこともできる。

相手が、「そんな必要はない」と迫ってきたとしても、「いいえ、たまに振り返り、確認しながら交渉を進めるのが私のやり方です。これも、大切なことだと思いますが」とでも言ってペースを乱せばいい。

休憩ひとつでも、このようにいろいろな意味を持っている。休憩は戦略的に使おう。

感情の波に押し流されそうになったら沈黙する

人間は、感情を完全にコントロールすることはできない。交渉の途中で、感情の波に押し流されそうになることがある。相手から侮辱的なことを言われ、カーッとなってしまうこともある。**そのようなときは沈黙することだ。**

間違っても、感情の波に押し流されて、相手に食ってかかってはならない。相手はそれを意図しているかもしれないからだ。

相手が意図しているのだとしたら、あなたはまんまと相手の術中にはまって理性を失い、冷静な判断ができなくなってしまう。相手が意図していないなら、あなたの感情的な反論を受けて、相手はあなたに怒りや憎しみの感情を抱き、その後、冷静な判断ができなくなり、交渉が決裂する方向に行ってしまうかもしれない。

私は25歳で弁護士になったが、はじめのうちは、交渉相手や相手方の代理人の弁護士にずいぶんとナメられ、侮辱的な発言もされた。完全に格下と見られていたからだ。私も人間だから、そのような侮辱を受けて黙っているわけにはいかない。相手に食ってかかって論争をした。負けないために、わざと議論をふっかけたこともある。

しかし、相手の発言に感情が即座に反応して反論をしたとしても、交渉の結果には、何のプラスにもならないことがわかった。あとで後悔するだけだし、双方が非難し合う結果となり、交渉が進まなくなってしまう。結局、それは交渉対象の問題ではなく、自分の感情だけの問題なのだ。

今では交渉中に、感情の波に押し流されそうになることはほとんどない。しかし人間である以上、そのようなときもある。そのように、感情の波に押し流されそうになったとき、私は沈黙する。何も語らないのである。

口を開いてしまうと、どうしても相手を攻撃したくなってしまうからだ。それがマイナスになるなら、黙っていたほうがよほどいい。そして、沈黙している間に自分の感情を整えるのである。

沈黙は、相手に与える影響も大きい。交渉は相互に言葉を交わすものである。一方が何かを言えば、他方はそれに答える、というプロセスを踏むことが多い。

しかし、一方の攻撃によって他方が沈黙してしまった場合は、そのプロセスが壊れてしまう。他方が反撃をすることは、当然予想の範囲内だろうが、沈黙して何も語らないと、相手がどう受け取っているかわからず、不安になってしまう。

沈黙されてしまうと、その沈黙を埋めなければならない気持ちにもなってくる。その結果、相手は不利な発言をする可能性もあるのだ。

このように、沈黙することによって、自分の感情を整えるのと同時に、相手を動揺させるというメリットがあるため、感情の波に流されそうになったときは沈黙するようにしている。

アメリカ独立宣言を起草したトマス・ジェファーソンは、怒りの感情に襲われたときの教訓として、次のように言っている。

「怒れるときは十回数えよ。怒りがさらに甚だしいときは百回数えよ」

また、ギリシャの劇作家であるソフォクレスは次のように言っている。

「怒りの静まるとき、後悔がやってくる」

相手の要求に応えるときは、見返りを勝ち取る

これは、いわゆる駆け引きである。利害衝突の回避をめざすものであり、相手が望むものを与える代わりにこちらが望むものを放棄させ、見返りを勝ち取るのである。

たとえば人質交渉であれば、銀行員や顧客を人質にして立てこもった強盗と交渉する場合、犯人が、水や食べ物を要求してきた場合に行なうことである。警察は、水と食べ物を与える代わりに、「人質を2人解放しろ」というように見返りを得るよう交渉する。強盗がこれに応じることで、交渉が進展していくことになる。

契約交渉において、一方が、「うちの予算はこれだけなので、これ以上は出せないのです」と言えば、「それは厳しい。では、半分を前金でいただけたら受けましょう」というように、金額を譲歩する代わりに前金を要求することがある。

至急の業務を依頼する場合、「どうしても、明日までにほしいのです。何とかなりませんか」と言ったとき、「明日までに納品とすると、他を断らなければなりません。その分、価格が上乗せになって○○円になりますが、よろしいですか」というように、納期で譲歩する代わりに、金額アップを要求することがある。

心理学に、「返報性の原理」というものがある。人は、あるものを与えられたとき、それに

対してお返しをしなければならないような気持ちになる、という原理である。この駆け引きは、返報性の原理に裏打ちされているのである。この原理は、銀行強盗にまで通用するのだから、通常の取引では当然、通用する方法である。

そのようなこともあり、**弁護士は最初の要求は、一般的に最大限の要求にしている。**離婚訴訟において、財産分与として1000万円、慰謝料として500万円、子供の親権を求め、養育費として月10万円を求める。相手方が、子供の親権がほしいと言ってきたとき、それを取引材料として、その代わりに慰謝料の上乗せする交渉をするのだ。

ずるいと言えばずるいが、双方に弁護士がついている場合には、双方が当然わかってやっていることなので、とくに支障なく交渉が行なわれる。弁護士ではない方は、弁護士と交渉する場合には、気をつけたほうがいい。普通に返報性の原理を利用して譲歩を迫ってくるからだ。

時間と費用と労力について

交渉においては、途中で何度も暗礁に乗り上げることがある。暗礁に乗り上げる状態というのは、双方が納得し得る案をだれも提案できず、双方とも、その点に関して妥協しない場合である。そのようなとき、「この交渉を決裂させていいかどうか」ということまで考えることがある。

「交渉を決裂させていいかどうか」という、判断に重大な影響を与える要素は、ほかに選択肢があるかどうかを別とすると、交渉の準備段階から現在までに、**この交渉成立のためにどれくらいの時間と費用と労力を投入したか**、ということである。これらが大きければ大きいほど交渉決裂を恐れることになり、初期段階でほとんど何も投入していなければ、苦もなく交渉を決裂させることができる。

たとえば、自宅の土地建物を購入するとしよう。不動産業者を回ってチラシを見せてもらう。チラシで気に入った物件をピックアップし、現地に案内してもらう。なかなかいい物件だ。この時点で価格を聞いてみる。

不動産業者は、「4800万円です。お買い得でしょう」

このとき、「4000万円くらいまで減額はできそうですか?」と聞いたとする。

不動産業者は、「それは無理ですね。売主さんは、売買代金を住宅ローンの返済に充当しようとしていらっしゃいます。4000万円まで下げるのは無理だと思います。4800万円でもお得なお値段ですよ」と言う。

さて、ここであなたはこの物件を見限って、他の物件に乗り換えることにどれだけの心理的抵抗感があるだろうか。この物件をどうしても手放したくない特別な理由がない限り、それほどの心理的抵抗感もなく、他の物件に案内してもらうことができるはずだ。それは、あなたがこの物件を購入する交渉に、ほとんど資金も時間も労力も投資していないからだ。

ではこのあと、次のような段階を踏んでいたらどうだろうか。

あなたは1時間、この物件についての説明を聞きながら見て回って気に入った。しかし、家族の意見も聞いてみなければならない。翌日、妻と子供たちを連れて、またこの物件を案内してもらった。ここでも、妻と子供たちは十分に時間をかけて、キッチンや子供部屋の取り合いなどをしている。

妻は、近所の井戸端会議でこの家のことを話してしまっており、ここに決まりそうだという話をしていると言う。

不動産業者は、「この物件を気に入っていただいて光栄です。ただ、本日午後に別のお客様をこの物件にご案内しなければなりません。申込金を10万円だけ入れていただければ、10日間、別のお客様をご案内することを止めることができますが、いかがなさいますか？」と言ったとする。

あなたはこの物件をたしかに気に入ったが、価格交渉をしなければならないし、銀行と住宅ローンの相談をしなければならない。そのため当日、売買契約まで結ぶことはできない。さりとて、これだけの物件をみすみす手放すのももったいない。そう考えて、10万円の申込金を支払うことになった。

それから、あなたは価格交渉をはじめることになった。売主側は、当初4800万円の提示だったが、4600万円までは譲歩すると言う。しかし、あなたとしては、4300万円くらいまで下げてほしいと考えている。

そのような交渉をしているうちに、10日間の拘束期間が切れてしまった。せっかくここまでこぎ着けたのに、この物件を逃してしまうのは惜しい。あなたは、さらに10万円を支払って、また10日間、この物件を拘束してもらうことにした。

しかし不動産業者は、「10万円で10日間というのは、最初の10日間だけです。こんなことを繰り返していたら物件が売れません。2回目からは20万円で10日間です」と宣告した。

あなたは悩んだ末、「もう、すでに10万円をつぎ込んでしまった。金額も、4800万円から4600万円へと200万円も下がっている。もう、元は取っている。もっと時間をかけて値切れば、こちらが得をするだけだ」と考えて、20万円を支払った。

そうこうしているうちに、不動産業者から、「実はこの物件は、公簿面積と実測面積が異なる可能性があります。でも、売主は現在、まったくお金がなく、測量は買主のほうでやってほしいと言っています。どうしますか？」と聞いてきた。

あなたは、測量は当然、売主がやるものだと主張したが、売買にはこれが条件だと突っぱねられてしまった。あなたは、すでに払ってしまった30万円を失うのが惜しいし、最悪4600万円で購入すればいいのだから、と測量に応じた。測量費用は50万円だった。これで80万円の出費である。

ところが、不動産業者が突然、「売主が、やはり価格は４８００万円にしてほしいと言っています。事業で入り用ができたそうで、４８００万円以下では売らないと言っています」

あなたは、目の前が真っ暗になるだろう。

「何だと？　４６００万円まで下げると言っていたではないか！　そんなことが許されるわけがない！」

しかし不動産業者は、頑として聞かない。「これは、絶対条件のようです。どうしますか？４８００万円で買いますか？　それともやめますか？」

あなたは主張するだろう。「損害賠償だ。こちらは80万円も損をすることになる。裁判をするぞ」と。しかし不動産業者は、「どうぞ」と言うだけで、先方に譲歩する余地はなさそうだ。

ここであなたは、この物件を買うかやめるかという決断を迫られることになる。決断のための大きな要素となるのは、交渉決裂となった場合には80万円がまるまる損になってしまうことと、これまで、この物件のために費やした膨大な時間と労力が無駄になることである。４８００万円という金額については、相場から考えて高い値段ではない。ただ、これまでの交渉経過からして許せないだけだ。

ここまで来てしまうと、80万円と時間と労力がとても大きく感じられるはずだ。これらを注ぎ込んでいないときは簡単に交渉を決裂させることができたのに、これらを注ぎ込んでしまうと、交渉決裂の決断がとてもむずかしくなるのだ。

したがって、決裂させたくない交渉の場合には、なるべく相手に、時間と費用と労力を注ぎ込ませることである。注ぎ込めば注ぎ込むほど、相手は交渉を決裂させたくなくなるはずだ。もちろん、あなたもそれに応じて、時間と費用と労力を注ぎ込んでいるかもしれない。

しかしこれは、「あなたが決裂させたくない交渉」である。もし、あなたが交渉決裂のオプションを保っておきたければ、後戻りできなくなるほどの時間と費用と労力を注ぎ込む前に、「交渉を続けるか決裂させるか」の決断をすることである。

交渉しているときは、常に自分が「引き返すための黄金の橋を渡り切っていないかどうか」を意識し続けることである。

最後の詰めの暗礁では、投下した資金と時間と労力を認識させる

投下した時間と費用と労力が交渉決裂の決断を鈍らせるのであれば、交渉の詰めの段階で暗礁に乗り上げたときにするべきことは、相手がこれまでに、その交渉のために投下した時間と費用と労力を思い出させることである。

相手はこう言っている。「この条件は絶対に曲げられません。もし、これを呑めないと言うのであれば、交渉決裂ですね」

このとき、なぜ相手はこのようなことを言っているか、まず考えることである。本当にぎりぎりの条件なのか、それとも駆け引きで言っているのか。あるいは前回、相手が譲歩したことから、2回連続で譲歩するのは弱気の表われだと考えているのか。本当にぎりぎりの条件だと確信できない限り、交渉を続けるべきだ。ここで、これまでの復習をしよう。

「これまでの経緯の確認をさせてください」――この確認により、投下した時間と費用と労力を思い出し、再認識することができる。交渉が長引くと、目先の条件闘争で頭がいっぱいになってしまうことがあるが、もう一度、全体的観点からこの交渉を見ることが可能になる。

それまでに投下した時間と費用と労力を思い出せば、些細な点で交渉を決裂させることが、いかに馬鹿げたことかを思い返すはずだ。そして、また交渉がはじまることになる。そして、客観的に経緯を確認したら、相手の感情に訴えよう。次のように言うことが考えられる。

「あなたの努力によって、ついにここまできました。あと少しで合意にこぎ着けられたのに、こんなことで壊れてしまっては、今までの苦労が台なしです」

これで、相手の感情に訴えることができる。これまでの苦労を振り返り、交渉決裂を恐怖と感じるようになるはずだ。そして、また前向きに、交渉成立に向けて交渉を開始することができるだろう。

常に、相手の心に焦点をあてること。交渉に投下した時間と費用と労力が相手の交渉決裂の決断を鈍らせるのであれば、相手のそれらをより多く投下させ、そして暗礁に乗り上げたときはそれを思い出させ、交渉決裂によって、それらがすべて失われる恐怖を感じさせることである。人間にとって、失う恐怖は想像以上に大きなものだからだ。

期限についての考え方

人間にとって、期限を切ることはきわめて重要である。人は、期限に縛られて生きていると言っても過言ではない。朝は9時にアポイントがあるから、7時には起きなければならず、9時までに事務所に到着しなければならない。明日の裁判の書類は、今日中に裁判所に提出しなければならないことになっている。雑誌の原稿は、明後日までだ。午後3時から会議だが、午後5時には事務所を出なければならないので、会議はそれまでに終わらせなければならない。

このように、ふだんの生活は常に期限に縛られ、期限は守らなければならないものと信じられている。日本では、期限を守らなければ円滑な社会生活を営むことができないのだ。人間にそのような習性があるならば、それを交渉に利用しない手はない。

期限は、自分の期限と相手の期限に分けられる。人間が期限に縛られる習性があるのであれば、**自分としてはなるべく、期限を設定しないようにすることだ**。相手から「7日以内に返答せよ」と迫られても、「7日以内かどうかわからないが、準備ができしだい返答する」

と答えるようにしよう。

「わかりました。7日以内に返答します」と答えてしまうと、自分自身が期限に縛られることになってしまう。7日以内に準備が整わないと、不十分な体勢のまま返答しなければならなくなってしまう。

ナポレオンはこう言っている。「約束を守る最上の方法は、決して約束しないことである」と。約束をして有利になるのであれば、約束をすればいい。しかし、約束を破る可能性があるか、あるいは約束をしたことでプレッシャーを感じる結果となるのなら、約束をしないことである。

仮に7日を過ぎてしまうと、「7日と言ったではないか。なぜ約束を破るのか」と攻められる。そして、それより重要なことは、交渉において約束したことは、絶対に守らなければならないという鉄則に背いてしまうことだ。交渉の成立は、双方が合意したことを守るはずだという前提で成り立っている。

しかし、交渉過程で約束を破っていると、この前提が成り立たず、交渉成立に支障が生じるのだ。したがって、交渉過程で約束をしたら、必ず守らなければならないのである。

ところが、時間というものは、どんな事情があっても、だれにとっても等しく進行するものだから、往々にして期限を守れないという事態が発生する。だから、自分からはなるべく期限を設定しないことが大切なのである。

逆に相手に対しては、期限をなるべく多く設定してしまうことだ。「この点に関するお答えをいただけますか」と聞いて、相手が「わかりました。検討します」と答えたら、「では、3日後にご連絡いただけますか」と詰めて、①3日以内に検討させる、②相手から連絡させる、の2点の約束をさせるのである。

これで、相手は期限に縛られることになる。期限を守るために相手にプレッシャーがかかり、ミスを犯しやすくなるし、約束を守れなかったらそれが相手の弱みにもなる。

次に、相手が勝手に期限を切ってきたらどうするか。

「7日以内に500万円を支払え。もし支払がない場合には、法的手続きに移行する」と言われたらどうするか。

そのときは、期限を破ってしまうことである。「そもそも、支払義務があるのですか。どのような証拠を持っているのですか。そこから話し合っていかなければならないのではないですか」と言って引き延ばしを図る。

相手は7日以内と言ってきたが、こちらが合理的な理由をつけてその期限を破れば、それに応じざるを得なくなる。こちらが7日以内に支払わなくても、法的手続きに移行することができなくなる。一度破られた期限は、もう何の効力もない。

相手が改めて、「では、7日は別として、あと10日以内に払わなければ、法的手続きに移行する」と言っても、その脅しはほとんど効果を発揮しなくなっているだろう。

相手に期限があるとき

通常、交渉するときは、こちらには期限というものがある。家を買おうとしているときは、現在の賃貸借契約が3ヶ月後に切れるので、それまでに購入しなければならないかもしれない。セールスマンは、月末までに機械を2台売り込まないと、リストラの対象になってしまうかもしれない。銀行への返済期限が2週間後なので、どうしてもそれまでにお金を借りなければならないかもしれない。

このように、交渉しなければならない場面では通常、期限というものが存在している。そうであれば、相手も期限に縛られているはずだ。その相手の期限を見抜くことができれば、それを有効に利用することができる。そこで交渉過程では、相手の期限を見抜くように、巧妙に会話を組み立てていくことが重要だ。以下は、その代表的な会話例である。

「なかなか交渉が進展しませんね。ああ、参りました。ちなみに最悪の場合、いつまでに合意に達すれば大丈夫でしょうか……それはどのような事情ですか？」

「営業はたいへんですね。ノルマがきついでしょう？　今月はどうですか？　月末までに、あと何台くらい売らなければならないのですか？」

「急いで家を探しましょう。ところで、現在お住まいの家は賃貸ですか？　それとも所有ですか？　最悪、いつまで住めるのですか？」

「お急ぎであれば、こちらも急いで交渉しますが、期限はありますか？」

このような質問によって相手の期限を見抜くことができれば、交渉を有利に展開することができる。なぜならば、その期限が近づくにつれて相手は焦り、どうしても交渉をまとめなければならないという強迫観念にとらわれ、譲歩を重ねる結果となるからだ。

したがって、相手の期限を見抜いた場合の交渉戦略は、相手の期限ぎりぎりまでこちらに引きつけることだ。そうすれば、相手は勝手に譲歩してくれる。

建物の売買交渉で、建物を売ろうとしたとする。相手は現在、賃貸マンションに住んでおり、3ヶ月後に退去することを大家と約束していた。

そのような期限がある場合には、まずこの建物をほしいと思わせることに集中する。ほしいと思わせることができたら、他にも買いたい人がいると言って競争心を煽る。競争心を煽ることができたら、3ヶ月間、独占的に交渉することを約束する見返りとして、ある程度の申し込み証拠金を払わせてしまうことである（ここでは、あえて商慣習上、行なわれていない方法で説明している）。

これで相手は、「これで、売主は私と交渉せざるを得なくなった。少々、値を下げても売ってくれるだろう」と考えることと、すでに申し込み証拠金を払ってしまったことで、他の物件にあたる可能性は低くなる。このようなお膳立てが整ったら、あとは期限ぎりぎりまで引き延ばしを図るのである。

3ヶ月ぎりぎりになったとき、買主は退去が迫っているのに新しい家が決まっていない状態に焦ってしまうはずだ。その結果、買主は価格交渉で譲歩せざるを得ない状態になってしまう。買主はここで、ウイークリーマンションを借りるという手段もあるが、たいていは期限を守りたいために、譲歩によって交渉を成立させてしまう。

したがって、相手の期限を見抜いたときは、それを十分に利用することである。

なお、この交渉方法は、相手の弱みにつけ込むことである。双方が満足することをめざす交渉と矛盾しないか、という疑問が出るだろう。しかし、それは矛盾しない。

当然、相手の期限ぎりぎりで、こちらも相手のことを考えて「わずかの」譲歩をする。相手の意識の中では、双方一所懸命交渉して、最後にお互いが譲歩し合って交渉が成立しただけであって、別に騙されたという意識はないだろう。

そして、退去の期限には間に合い、新しい家は手に入ったのである。双方が満足する結果に終わっていると言えるのではないだろうか。

もちろん、交渉人としての私も満足である。

自分自身に期限があるとき

これだけ交渉に影響を与える期限である。もし、自分に期限があったときはどうすればいいのだろうか。

まず第一の基本は、**自分の期限を相手に悟られないようにすること**である。期限を相手に悟られてしまうと、前に見たように最大限に利用されることにもなりかねないからだ。

相手が、交渉過程においてあなたの期限に探りを入れてきたら、仮に期限が今月中に迫っていたとしても、「交渉がどれだけ長引いても、こちらはいっこうに構いませんよ」という態度を見せることだ。これで、相手に期限を利用されずにすむ。

第二に、相手が策士である場合は、**期限を錯覚させる**という手もある。実際の期限が2ヶ月後だった場合、「こちらの都合なのですが、どうしても今月中にこの交渉をまとめなければならないので、ご協力いただけますか？」などと言ってみる。

そうすれば、相手はこちらの期限を今月中と錯覚する。この場合、相手は期限を利用してぎりぎりまで譲歩してこないだろう。そのときの作戦は、こちらもぎりぎりまで譲歩しないことだ。本当のぎりぎりまで譲歩しないと、相手はどう考えるか。

「期限ぎりぎりまで譲歩しないということは、これが本当の限界線ではないのではないか」と考えるはずだ。

　そうすると、今度は相手が、「このままでは交渉は決裂になってしまうかもしれない」と不安になってくる。こちらの期限が相手に反射して、相手が焦り出すのである。その結果、相手がぎりぎりの線まで譲歩してくることも往々にしてある。

　この作戦は、次のような例で説明されることがある。一本の橋の両端から反対側の端へ2台の自動車が全速力で走り出す。そのまま走り続けると2台の車は正面衝突をすることになるため、どちらかがハンドルをきって衝突を避けなければならない。そこで、どちらが最後までまっすぐ走り続けることができるのか、というゲームがある。

　このとき、1台の車が走っている途中にハンドルをはずし、外に投げてしまったらどうなるだろうか。その車はもう避けることはできない。そうすると、どう考えても相手の車が避けるしかなくなる。

　このように、弱みと強みは紙一重であり、その使い方しだいなのである。

　次に、自分に期限がある場合に、期限ぎりぎりまで相手が譲歩しそうにない場合はどうするか。そのときは、あらかじめ自分の期限について交渉して、期限を延長することである。

　どうせ期限は、何らかの事情か、あるいは交渉によって設定されたものである。いったん期限が設定されてしまうと、それは神が定めたことのように思ってしまうが、自分の期限は交渉可能である。交渉して自分の期限を変えてしまえば、期限の呪縛から解き放たれることになる。

たとえば家の売買交渉で、自分が家を買おうとしているとする。現在は賃貸マンションで、3ヶ月後には退去しなければならない。

しかし、相手の巧妙な交渉術によって、3ヶ月間の独占交渉権を得る代わりに申し込み証拠金を取られたとする。それで失敗したと思ったら、すぐに大家と交渉して、3ヶ月を5ヶ月に延長してもらえばいい。場合によっては、その分の賃借料を前払いすれば応じてくれるだろう。

5ヶ月に延長することができれば、かなりの余裕を持って交渉することができる。そのくらいの費用は、建物売買の価格交渉で十分に元が取れるはずだ。

また相手には、こちらの期限は3ヶ月だと思わせたままにしておくことだ。

最後まで、交渉の武器を出し切らない

交渉の最後の最後で、暗礁に乗り上げることがよくある。単純な売掛代金の交渉において、双方が譲歩し合って交渉が続いている。請求している側が5000万円まで減額し、請求された側は4800万円まで増額して、あと200万円の溝がなかなか埋まらないことがある。全体から見ると小さな金額なのだが、どちらも譲らないのである。

これは、双方が交渉を勝ち負けでとらえているところから生じる現象である。それまで、適

当な時期に適当に譲歩してきたとしても、最後に譲歩したほうが「負けた」ような感じがするため自尊心が許さず、譲歩できなくなってしまうのである。

このときによくあるのが、真ん中を取って４９００万円にする方法である。しかし、これもタイミングがむずかしい。

一方が、「じゃあ、４９００万円で手を打ちましょうよ」と言っても他方が、「それはできない。４８００万円までしか譲歩できない」と言い、「どうしてもと言うのであれば、こちらの提案の４８００万円とそちらの４９００万円の間を取って、４８５０万円で手を打ちましょう」などと、さらに細かいところで駆け引きをしかけてきたりする。

そうなると、こちらも自尊心が許さず、譲歩できなくなってしまうのである。

このやっかいな自尊心は強烈であり、せっかく長い間交渉してきた結果を、卓袱台をひっくり返すように簡単にひっくり返してしまうため、注意が必要だ。

このような事態を避けるためには、最後まで交渉の武器を出し切らないことである。しかし、それを相手に望むことはできないため、こちらで交渉の武器を残しておくことだ。

請求をする側で考えてみると、当初から４８５０万円まで譲歩するつもりがあるのなら、５０００万円と４８００万円の対立で粘り、最後に、相手に花を持たせて４８５０万円で妥結するようにコントロールすることである。

あるいは、支払期限を少し延ばしてやるか、分割にする利益を与えるような提案について、それまで強硬に拒否してきた武器をここで使うことである。

厳しい交渉においては、交渉の武器は最後までには出し切ってしまうのが通常である。しかし、最後の最後で使うと決めている交渉の武器を、使わずに最後のときを迎えることも可能である。

これは、最後の相手の自尊心を満足させるものだから、それほど重要なことでなくても構わない。もちろん、使わずにすめば、それに越したことはない。5000万円でがんばっているうちに、相手が折れて5000万円で妥結することもあるから、見きわめが重要である。ただ、交渉をまとめ切るために、最後の武器を持っておこうということだ。

交渉の完結まで注意を怠るな

弁護士は、交渉がまとまったときは、必ず文書で合意する。口約束は信用しない。口約束は、いくら確約したとしても、あとで「言った言わない」という議論になる可能性があるからだ。そこで、文書で権利義務を明確にしておくことが大切である。

なかには、「俺が信じられないのか。文書にするということは、俺を信用できないということか！」などと怒り出す人がいるかもしれない。

しかし、そのような人ほど要注意である。そのようなときは、「もちろん、あなたは約束した以上、最大限の努力をして約束をはたしてくれると信じています。ただ、その約束の内容を、書面できちんと明確にしておきたいだけです」、「書面にすると、何かまずいことでもありますか?」などと言って、書面を残すようにする。

「あなたが約束を破ったらどうするのですか」などと言うと、せっかくまとまりかけた交渉がぶち壊しになってしまう可能性があるので、言い方にだけは気をつけたい。

弁護士は、文書で合意したにもかかわらず、なお約束を破る人をたくさん見てきている。したがって、文書で権利義務を定めたときには、義務違反の場合のペナルティーを課しておくことである。

これについても抵抗があるかもしれない。「俺はきちんと払うのだから、そんなペナルティーなど必要ない。俺を信用していないのか!」と怒り出すかもしれない。

そんなときも、「こういう取り決めをして、お互いの履行を確実にしたいだけです。ペナルティーを嫌がる人は、通常は約束を破るつもりの人が多いのですが、あなたはそんなことはないですよね。それとも、ペナルティーを定めると何か支障がありますか?」と言ってみよう。

こうやって、書面で権利義務を明確にして、約束を破ったときのペナルティーまで入れておけば、後日契約違反のときに訴訟を起こせば、さらに有利に交渉できるはずだ。

したがって、交渉結果を文書にして双方が調印するまでは、注意を怠ってはならない。交渉がまとまって握手したとしても、それで喜んでいてはならないのだ。世の中には、前の日に話がまとまったとしても、翌日にそれをひっくり返す人も少なくない。

したがって、だいたいの内容が決まっているのであれば、あらかじめ案を用意しておき、交渉結果によって多少修正し、その場で調印してしまうのが一番だ。とくに相手が不利なときは、ひっくり返される可能性が高い。

交渉は、文書にして初めて成立したと言える。ただし、弁護士同士の交渉の場合には、話し合いの段階で細部まで決めてしまうため、文書の合意は、あとからひっくり返される可能性は少ないので、交渉と文書化は分けて行なうのが通常である。

さらに言えば、交渉が妥結し文書化しても、私たち弁護士は安心していない。入金があって、初めて事件が終了したと考えているからだ。

そのため、依頼者が入金を他への支払にあて込んでいる場合には、それを思い止まらせなければならない。なぜなら、どうしてもそのお金が必要となった場合、不利な交渉を強いられるからだ。

たとえば、今月20日に、相手方から５００万円の入金がある予定だったとする。依頼者が、それを30日の手形決済資金として予定していた場合、相手方が20日に５００万円を振り込んでこなかったらどうするか？

当然、相手方に催促することになるが、相手方が、文書化してあるにもかかわらず、４００

万円にするよう交渉してきたらどうだろうか。

もし余裕があれば、ペナルティー条項を適用して裁判し、もっと多額の損害賠償を得ればいい。しかし、どうしても月末にお金が必要な場合、そのような選択は取り得なくなるかもしれない。相手方の交渉に応じて、400万円で我慢せざるを得なくなるかもしれないのである。

ナポレオンは、「戦いは最後の5分間にある」と言った。交渉においては、最後の最後まであらゆる可能性を考えて、決して注意を怠らないことだ。

『イソップ物語』に、次のような話がある。

「漁師たちが網を引いていたところ、何かが引っかかった。網が重いので獲物は多いと信じて、喜んで小躍りした。しかし岸に引き上げたとき、それは魚ではなく、石やその他底に沈んだものがいっぱいかかっているのを見出したのでがっかりした」

交渉においても、最後の最後の交渉の結果、得られるべきものを実際に手に入れるまではぬか喜びせず、決して注意を怠らないことである。

4章

相手の自尊心を尊重して説得する

弁護士は依頼者を説得し、相手方と交渉する

弁護士は、依頼者から依頼を受け、依頼者の最大限の利益を獲得するために、相手方と交渉し、裁判所を説得し、最終的には依頼者をも説得して事件を解決に導いていく。そして、依頼者から報酬を得る。まさに、人を説得することで仕事が成り立っていると言える。

人の言いなりになっていては、弁護士は務まらない。たとえば、離婚事件の夫から依頼を受けたとき、妻から、慰謝料として500万円を要求されたとする。そこで私が、「はい、わかりました。500万円払いましょう」と言ってしまったのでは、夫は弁護士に依頼する意味がない。相手からの要求を減額し、またはゼロにするように交渉しなければならないのだ。

そして交渉の結果、事件全体を見通して、妥当な線までできたときには、今度は和解に抵抗感を持っている夫を説得して、和解に持っていくことも、場合によってはあり得る。

ここで誤解しないでいただきたいことは、依頼者を説得するということは、依頼者に不利な条件を呑ませるということではない。われわれは、依頼者の最大限の利益を獲得することを目的としている。

しかし、依頼者は紛争の当事者であり、事件全体を冷静な目で見ることができない場合が往々にしてある。とくに、離婚事件や相続事件などの親族間の事件に多いのだが、感情という

魔物のために目が曇ってしまっているからである。

そこで、紛争解決のプロである弁護士から見て、依頼者本人が思っている最良の解決方法よりも、さらに依頼者のためになると思われる解決策を選択するように説得するのである。それが、結果的に依頼者の最大利益になる、と私は考えている。そのときどきの感情の満足だけがすべてではないのである。

さて、そのような交渉と説得に明け暮れる弁護士という仕事は、自分が望むように人を動かすことができなければ、満足な仕事などできない。

しかしそれは、どんな仕事も同じはずである。生命保険の勧誘をするときも、相手を説得しなければ契約は成立しないし、商売で材料を仕入れるにも、金額や納期などの交渉がある。

また、家庭生活でも交渉の連続である。夫婦間の家事分担の交渉もある。妻は育児に疲れ、「休日くらい掃除でもしてよ」と、心の中で叫んでいるかもしれない。あなたは、言うことを聞いて掃除をするか、それとも説得するか。子供は、小遣いを値上げしてくれるよう交渉してくるかもしれない。あなたは、子供の言うことを聞いて小遣いを値上げするか、それとも拒否するか、あるいは交渉して、門限を22時から21時にさせる駆け引きをするか。

このように、日常生活には交渉と説得が満ち溢れている。

われわれは、そのような生活の中で、自分が望む結果で妥結するよう、人を動かしていかなければならない。そのためには、説得・交渉の技術が不可欠となるのである。

説得や交渉は技術であるため、修練が必要であり、一朝一夕に身につくものではないが、人間の心の傾向を理解し、説得と交渉の技術を身につけ、日々の生活の中で実践していけば、必ずや習得可能と考えている。

議論で人を説得するには条件がある

「議論で人を説得することはできない」という言葉があるが、はたしてこれは本当だろうか。

一般的に言われるように、「人間は、論理ではなく感情で動くから、議論で人を説得することはできないのだ」という意味ならば、それは厳密には正しくない。もちろん人間は、感情で動く。

しかし、ここで重要なことは、人間は自分が論理的であることを望むがゆえに、議論で負けて納得することに耐えられない、ということだ。論理は頭脳の働きそのものであり、論理的思考が優れているものは頭脳が優れている、とだれもが思っているのだ。

だから、議論で負けると、自分が劣っていることが証明されたような気持ちになり、自尊心が傷つくのである。自尊心を傷つけたくないために、自分の主張を変えてまで相手の主張に同意することに抵抗するのである。

この場合、議論は、よりよい結論に到達するための道具ではなく、自分自身を守るための戦いになる。そういう意味で、「議論で人を説得することはできない」と言われるのである。

そうであれば、次のような場合には、この命題はあてはまらないだろう。

（その一）相手が、その分野で自分より優れていることをすでに受け入れている場合

たとえば、一般の人が弁護士に法律論争を挑んだとする。しかし法律論争では、弁護士のほうが圧倒的に有利なのは当然であり、そのことをすでに受け入れているはずである。

したがって、一般的には法律論争で弁護士に負けても自尊心は痛まず、「仕方がない」ということで説得が可能となる。

（その二）相手が、自分より能力が優れていることをすでに受け入れている場合

これは、だれでもあるわけではないが、読者の中にも「この人は優秀だ。自分の能力ではとても勝てない」と思っている人がいるだろう。そのような相手と議論したときは、すでに相手が優秀であることを受け入れているため、たとえ議論で負けても「当然だ」と思い、自尊心が傷つくことはない。それは、自分との競争相手として除外されているからである。

（その三）議論となっている対象に、ほとんど興味がない場合

この場合、本人は「私は、この問題にはほとんど興味がない。だから、本気で議論しているわけではない」という逃げ道がある。したがって、議論で負けても表面上負けただけで、自分としてはたいした問題ではない、と自分自身に説明することができ、自尊心が傷つくことを防ぐことができる。

以上がすべてではないが、議論で負けても自尊心が傷つかない場合であれば、議論によっても説得は可能である。

相手の自尊心にスポットライトをあてよう

人を動かすためには、あなたの心がどう感じるかは気にしなくていい。とにかく、動かしたいと思っている相手の心にスポットライトをあてることだ。

たとえば、あなたは相手に水を買わせたいとする。いくらあなたの喉が渇いていても、相手の喉が渇いていなければ、相手はあなたから水を買ってはくれない。自分の喉が渇くからこそ、人は水を買うのである。

あなたがモノを買うときには、買いたいと思うから買うのだ。相手が売りたいと思っているかどうかより、自分自身がほしいかどうかで決めるはずだ。

したがって、相手を動かそうと思うときには、自分の心にとらわれてはならない。あくまで、相手の心にスポットライトをあて、どうしたら相手が動く気になるのかを考えなければならない。

昔話に「北風と太陽」というものがある。北風と太陽が、ともに自分のほうが偉いと思っており、その優劣を決めるために、どちらが先に旅人の服を脱がせることができるか、競争した。まず、北風がものすごい強風を吹かせて旅人のコートをはぎ取ろうとしたが、旅人は、よりいっそう強くコートをかぶり、脱ぐことはなかった。次に太陽が挑戦した。太陽は、暖かな日差しを降り注いで旅人を暖め、旅人に自らコートを脱がせることに成功した、という物語である。

小さな頃から、何度となく耳にしてきた物語である。この物語の中には、人を動かす極意が詰まっている。北風は、力で強引にコートをはぎ取ろうとした。これは、自分の心にしかスポットライトがあたっていない。「俺の力でコートをはぎ取ってやる」というのは、自分の心の働きである。説得の対象である旅人の心はまったく考えていない。しかし、太陽が暖かな日差しを降り注いだのはどうだろうか。

「旅人は、どういうときにコートを脱ぐのか」という問いを発すれば、明らかではないだろうか。

「コートを着ていては暑い」とき、人は着ているコートを脱ぐのである。そうであれば、旅人を暑いという気持ちにさせればいい。そこで太陽は、暖かな日差しを旅人に降り注ぎ、旅人を暑く感じさせ、「自分から進んで」コートを脱がせることに成功したのである。

動かそうとしている相手の心に、見事にスポットライトがあたっているのがわかるだろう。

この「北風と太陽」は、単に「強引にやっても人は動かない。ニコニコ優しくしてあげたほうが動いてくれるものだ」というような教訓で憶えていてはならない。

「人を動かすには、自分の心ではなく、相手の心にスポットライトをあてる」という説得の鉄則を明らかにした物語として憶えておこう。

いざ人を動かそうというとき、私たちはどうしても自分の心にとらわれがちになる。しかしそういうときは、この「北風と太陽」を思い出し、相手の心にスポットライトをあてよう。行なうべきことが見えてくるはずだ。

私は、今は民事事件が中心だが、昔はよく刑事事件も扱った。傷害事件や強姦事件のように相手がある事件は、被害者と示談ができるかどうか、が被告人の量刑を左右する大きな要素となる。

したがって弁護人は、被害者との示談に大きな力を注ぐ。私が刑事事件を担当したときも、もちろん示談に全力を注いだ。そして、ほとんどの事件で示談を成立させることができた。

ある強姦事件を扱ったときのことである。加害者の親が、被害者に謝りに行こうとしたが、被害者は絶対に会いたくないと言っており、厳罰を望んでいた。強姦事件は、女性の心にぬぐいがたい傷を残し、その傷は一生残る。結婚生活にも影響することがあると言う。そのことから考えると、示談などとんでもないということだろう。

しかし、そのような状態であっても、事件を引き受けた以上、被害者との示談を進めなければならない。通常の示談はどうするかと言うと、「このたびは、被告人があなたに多大なご迷惑をおかけしました。被告人に代わってお詫び申し上げます。本日は、示談金をお持ちしました。少ないとは思いますが、これが精いっぱいです。何とか示談にしていただけないでしょうか。被告人には病気の母親がいて、今刑務所に入るわけにはいかないのです」というパターンである。

これでも、示談が成立することはあるだろう。ただ、これは加害者側の論理である。被害者の側の事情はいっさい考慮していない。これを聞いた被害者はどう思うだろう。

「何て身勝手な加害者だろう。犯行も身勝手なら、逮捕されてからも反省せず、こんな身勝手なことを言っているのか」

強姦事件の被害者は心に深い傷を負っており、多少の金を積まれたとしても、とても示談には応じないだろう。

私は、示談を進めるにあたっては、完全に被害者の心にスポットをあてるようにしている。強姦事件の被害に遭った被害者がどのような恐怖を味わい、その後、現在までどのような気持ちで夜道を歩き、男性と接しているか。完全に感じることは無理だが、可能な限り共感するようにしている。

そして被害者の立場に立ち、今、被害者ができることは何かを、法律家としての観点から話をする。被告人が犯した犯罪についてはしかるべき刑罰を受けるべきだが、それは、被告人と国家との問題であり、被害者には関係がない。被害者は、心に受けた傷をどうやって癒し、事件を忘れ、将来にしこりを残さないようにしていくかが重要である。

事件を、被告人の問題としてではなく、被害者自身の問題として焦点をあてるのである。

私は被害者と話をする際、そのような観点から話をするようにしている。そうすると結局、被害者としても事件のことは早く忘れ、一刻も早く立ち直ることが先決ということになる。

そのために、被告人に少しでも重い刑を科すようにするべきか、示談金を受け取って、わずかでも自分の精神的損害を慰謝するのか、という問題になってくる。

私の経験では、たいていは示談に応じてくれる。私は、これまで一度も無理な示談交渉をしたことはない。常に被害者の立場に立って説明し、被害者に考えてもらい、被害者に決断してもらっている。加害者に病気の母親がいようがいまいが、被害者には関係がない。加害者側の事情の斟酌は、被害者の心が動いたあとからで、背中を押すために使うものだ。

説得していることを悟られるな

人を説得するとき、注意しなければならないことがある。それは、**あなたが相手を説得しているのだということを、相手に悟らせないようにすることだ。**

人は、相手から説得されていると思うと、ついそれに反発したくなる。人は、自分で物事を決定したい生き物であり、他人から決定されることを嫌うものだからだ。また、「説得される」ということは、相手にコントロールされるということでもある。

つまりそれは、自分が相手よりも劣っていることを認めることであり、自尊心が傷ついてしまうからだ。

だから、あなたは決して、説得しているという態度を取ってはならない。説得しないふりをしながら、相手の心を変えるのである。あたかも、相手が自分で決めたような体裁を整えるのである。

たとえば、子供に勉強をさせたいとき、「勉強しなさい。何度言ったらわかるの？　勉強しないと、いい大学に入れないわよ」と言う。

たしかに、勉強しないと成績は上がらず、いい大学には入れないだろう。今の時代でもまだ、いい大学に入ったほうが将来の選択肢は広がるし、社会的に成功する可能性も高い。いちおう理に適っていると言える。

しかし子供は、これで喜んで勉強するだろうか。たいていは反発するはずだ。

「うるさいよ。今やろうと思ったところだったのに。やる気がなくなった」

よくある返事である。子供は、自分で決めて勉強をしたいのであって、人から押しつけられて勉強したいわけではない。勉強する気があったとしても、自分の自尊心を守るために反発してしまうのである。

この場合、どうすれば子供は勉強するだろうか。「北風と太陽」を思い出して、勉強したくなる気持ちを生じさせるのである。

子供が、ほめられると調子に乗るタイプであれば、たまたま机に向かっているときにほめてみる。ちょっと成績が上がったときにほめる。競争心が強ければ、ほかの子の例を出して、競争心を煽るか、ほかの子を、たいしたものだとほめるが、自分の子供には勉強しろとは言わない。親思いであれば、「勉強しなさい」ではなく、「お母さんは、子供が社会で成功したら、死んでもいいわ」くらいは、本当の気持ちとして言っておく。

どの場合も、決して勉強させようという態度を見せてはならない。勉強に向かう部分は自分で考えさせるのである。

ほめる場合には、「ほめられるとうれしい」→「どうしたら、もっとほめられるか」→「もっと勉強すれば、もっとほめられる」となる。

競争心を煽る場合は、「他の子がほめられて悔しい。負けてたまるか」→「どうすれば勝てるか」→「たくさん勉強して、いい成績を取れば勝てる」となる。

親思いな子の場合では、「お母さんを幸せにしたい」→「お母さんは、僕が社会で成功すれば幸せだと言っている。そのためにはどうすればいいか」→「たくさん勉強していい大学に入れば、社会で成功できるはずだ」となる。

このように、当然の論理の一部分だけを抜いて、そこを相手に形式的に考えさせるのである。これで、相手は自分で決めたことに満足するはずだ。

「そのとおりです。だからこそ～」と言おう

相手の主張に反対するときは、「しかし～」という言葉は、なるべく使わないほうがよい。「しかし～」というのは、相手の主張の誤りを指摘する言葉だからだ。また、「あなたは間違っています。本当はこうです」というもので、相手の自尊心を刺激する。

そうなると相手は、自分の自尊心が傷つくことを回避するために、自分の主張にしがみつくようになる。

しかし、相手の言い分に対して、「そのとおりです」と言ってしまうと、相手の自尊心は満足する。そのうえで、**「あなたの言うとおりです。だからこそ～」**と言えば、すーっと相手の心に浸透していくのである。

ある交通事故の事件において、初期の頃に裁判所から和解勧告があった。私としては、過去の判例から考えて、今後訴訟を続けても時間ばかりがかかるだけで、結論は変わらないだろうと思っていた。

それよりも、早期に解決して事故のことは忘れ、新しい人生を歩んだほうがいいと考え、和解を勧めることにした。しかし、事件の解決は、結論だけではない。依頼人の納得という問題がある。

依頼人は、「裁判所が和解勧告だって？　とんでもない。加害者はろくに謝罪もせず、保険屋に任せきりで誠意のかけらもない。あんなやつは人間のクズだ。とことんやって思い知らせてやる」と怒り心頭だ。

このようなとき、「このまま続けても意味はありませんよ。時間の無駄です。和解したほうが得ですよ」などと言うと、「何だと！　それを何とかするのが弁護士だろう！」と感情的に反発してしまう。

しかし、「まったくあなたの言うとおりだ。加害者には誠意のかけらもない。だからこそ、もう関わるのはやめましょう。そんな相手と、この先長い期間関わり合っていたら、時間がもったいないということです」と言ったらどうだろうか。

自分の意見が受け入れられたあと、その論理的帰結として、和解を勧められているような印象になる。「しかし～」ではじめるのと同じ内容を話しているのだが、印象はまるで違ってくる。

たとえば、生命保険の勧誘をしているとする。「こんな高い保険料は払えないよ」と言われたとする。「しかし、ご家族に十分な保障を残すべきでしょう」と言うと、「俺の家族のことに口出しをするな！」と、感情的な反発を招いてしまう。

ところが、「そのとおり。保険料はお高くなっています。だからこそ、お勧めしているのです。保険料が高いということは、それだけ十分な保障内容となっており、ご家族様への保障も十分と言えるからです」と言えば、また印象が変わってくるのではないか。

つまり、何事も言い方ひとつなのである。「しかし～」ではじめようと、「そのとおりです。だからこそ～」ではじめようと、あなたには何の影響もない。しかし、聞いている相手には重大な影響がある。

人を説得するときは、あなたの心にスポットライトがあたっていてはならない。あくまでも、**説得しようとする相手の心にスポットライトがあたっていなければならない**のである。

どんなときでも、相手の自尊心を尊重しよう。

考えを変えさせるときは、正当化してあげる

人間は、自分自身を、論理的で一貫した人間だと思いたいものである。前後の自分の行動や考えに矛盾が生じると、心理的に苦痛を感じてしまうのである。

したがって、他人に説得されて自分の考えを変えるときも、自分の論理性や一貫性に矛盾が

生じ、心理的に苦痛を感じてしまう。

そのため、なかなか説得に応じない可能性もある。そこで、相手の考えを変えさせるときは、そのような心理的苦痛を感じさせないように、相手の意見の変更を正当化し、相手の内的葛藤を生じさせないようにしなければならない。

『グッド・ウィル・ハンティング』という映画がある。ロビン・ウイリアムズとマット・デイモンが出ている映画だ。マット・デイモンは数学の天才青年なのだが、性格がひねくれているため、ロビン・ウイリアムズがそれを矯正しようとする場面がある。

性格を矯正しようとするのだから、まさに自分自身が変わろうとする場面である。当然、自尊心は猛烈な抵抗を示す。その際、ロビン・ウイリアムズは、何度も同じセリフを繰り返す。

「君は悪くない。君は悪くない。君は悪くない……」

そして、マット・デイモンは泣き崩れてしまう、というものだ。そのような過程を経て、やがて性格が変わっていくのである。

つまり人間は、違う自分がいいと思っても、また違う意見が正しいと思っていても、いったん異なる考えを表明してしまった以上、それにしがみつこうとするという性質があり、それはとても強固なものである。それを変えるには、その人の自尊心が傷つかないように、変化を正当化してあげなければならない。

そのためには、ロビン・ウイリアムズが、「君は悪くない」と言ったように、相手を正当化してあげる心遣いが必要となってくるのだ。

決して、「君は間違っている。私が教えてあげよう」などと言ってはならない。目的は、相手の考えを変えることであって、あなたの重要感を満たすことではないからだ。

ロシアの文豪ドストエフスキーは、1848年に空想的社会主義に関係して逮捕され、シベリアに流刑となり、数年間を刑務所で過ごした。その数年間、彼は犯罪者たちと起居寝食をともにしたが、出獄後に獄中生活を描いた『死の家の記録』の中で、シベリア流刑になった犯罪者について、次のようなことを言っている。

「彼らの大多数が、心の中で自分はまったく正しいのだと思っている」

それも、人を殺したり、物を盗んだりした人たちが、である。私の経験でも、たとえば窃盗犯に、「なぜ、こんなことをしてしまったのか?」と聞くと、窃盗犯は、「じゃあ、俺に飢え死しろというのか! 俺の子供はどうなる! 仕方がなかったんだ」と言うし、傷害犯は、「先にガンをつけてきたのは向こうだ。俺は悪くない。あいつがガンを飛ばしてこなければ、こんなことにならなかったんだ」などと言う。みんな、自分が正しいと思いたいのである。たとえ、自分がどんなことをしようとも、自分のしたことに理由をつけて正当化するのである。

このような心理を、心理学上「正当化」「合理化」と言う。このような正当化を行なわないと、自尊心が耐えがたいほどに傷つくからである。罪を犯した人間ですら、自分を正当化する。いわんや、普通の生活をしている人間ならなおさらである。人を説得するときは、自分がどう思っているかとは関係なく、相手を正当化してあげよう。

決定過程に相手を参加させよう

他人の話を聞いて自分の考えを変えることは、心理的に苦痛を感じるものである。それは、他人に説得されていると感じるからだ。では、自分で自分を説得することができれば、そのような心理的苦痛を感じることもなく、容易に説得できるのではないだろうか。

実際、私たちはしばしば考え方を変えたりすることがあるが、それはほんの些細なことや、ちょっと本で読んだことがきっかけとなることがある。しかし、他人から面と向かって説得されると、とたんに根拠もない自分の考えにしがみつこうとする。

さて、自分で自分を説得するには、どうすればいいか。それは、相手を決定過程に参加させ、質問し、結論に誘導していくことである。何かのプロジェクトを実行したいと思っている場合、反対しそうな人がいたら、その人をプロジェクトの責任ある地位につけてしまうことである。

そうすれば、その人は、そのプロジェクトを成功させる方向で考えるよう、自分で自分を説得してしまうだろう。理由は自分で考え出してくれる。そして、プロジェクトを成功させる地位についた自分自身を一貫させようとして、反対することができなくなる。これは、心理学の一貫性の原則である。

たとえば、家計を妻が管理しているとする。夫の小遣いは月5万円である。しかし、子供が小学校の高学年になって、塾に通わせなければならなくなると、しだいに家計も苦しくなってきた。妻は、夫の小遣いを3万円に減らしたい。

妻「家計が苦しいから、来月から小遣い3万円でお願いね」

夫「ちょっと待てよ。そんなの無理だよ。何とかしろよ」

妻「そんなこと言ったって、家計が苦しいのよ。私だって苦労してるのよ」

夫「何が苦労してるだ。俺は外で毎日、がんばって働いているんだ。その範囲内でやりくりするのがお前の役目だろう」

妻「何言ってんの？　あんたがもっと稼いでくれれば、こんな苦労しなくてもすむのよ。とにかく、小遣いは3万円ですからね」

夫「冗談じゃない。5万円はもらうからな」

こんなやりとりを繰り返すくらいなら、夫を小遣いの決定過程に参加させよう。

妻「太郎も小学校高学年で、そろそろ塾を考えたほうがいいかしら」

夫「俺の時代は、塾は遊びに行くものだったけどな。でも、たしかに太郎の成績は悪いな」

妻「どうしたらいいと思う？」

夫「塾に行かせるか、家庭教師でもつけたらいいんじゃないか？」

妻「じゃあ、塾に通わせてもいい？」

夫「いいよ」

妻「これで、太郎の成績も少しはよくなるわね。それで、太郎を塾に通わせると、毎月の生活費が足りなくなるんだけど。家計簿を見てみて。節約はしてるんだけど、どうにかならないかしら……」

夫「……。困ったなあ。何とかならないのか？」

妻「いろいろとがんばってはいるんだけど。これ以上はなかなかね。あなたの小遣いも5万円でいっぱいいっぱいよね。やっぱり、太郎の塾は無理かしら。このままで大丈夫かしら」

夫「うーん、そうだなあ。じゃあ、太郎の成績が上がるまでは、俺も小遣いを減らしてがんばるか。しばらくは月3万円で我慢しよう。その代わり、太郎をビシビシしごいてやるぞ！」

妻「本当？　大丈夫？」

夫「大丈夫、大丈夫」

先の例では、お互いがお互いの都合で発言し合うだけだった。これでは、わかり合えるはずなどない。そもそも、相手の事情は知らないのだ。しかし、あとの例では、妻は、夫を自分の世界に引き込んで相談し、小遣いの決定過程に夫を参加させた。家計の状況が冷静に判断できれば、夫は、全体との関わりの中で、自分の小遣いの位置づけを考えることができる。

人を説得するときは、対立関係に立つことは避け、ともに問題を解決する立場に立

つべきだ。一緒に問題に取り組めば、決まったことに反対する人は少ないだろう。したがって、できるだけ、相手を決定過程に参加させるようにするべきである。

相手の話を遮ってはならない

弁護士にはせっかちな人が多い。何事も、すぐに結論に導いていこうとしがちだ。時間で働いているから仕方がないのかもしれない。また、相手の話が回りくどくなったり核心をついていなかったりすると、すぐに話を遮って結論へと急ごうとする傾向がある。

その結果、相手の感情を害したり、好意を獲得できずに、依頼者を別の弁護士へと向かわせることになる。

ある例で見てみよう。

弁護士「交通事故が起こった状況を教えてください」

相談者「その日は、娘を迎えに行くところで、あっ、娘はいつも幼稚園に行っているのです。それで、車で娘を幼稚園に迎えに行かなければならないのです。それで私は、買い物もついでにしないと……」

弁護士「ちょっと待ってください。そんなことはどうでもいいんです。事故が起こった瞬間のことを話してください」

相談者「すみません。私は運転中だったのですが、ドンという音とともにハンドルが目の前に来て、そのあとは、何が何だかわからないうちに、いろんなところに頭をぶつけた気がします。気がついたときは……」

弁護士「そうじゃなくて、車と車はどのようにぶつかったのですか。それが聞きたいんですよ」

相談者「相手は、私の車をまったく見ていませんでした。相手が一方的に悪いのに、謝罪もしないんですよ。警察への通報も目撃者の方がやってくれて、加害者はだれかと携帯電話でずっと話してるんです。私は……」

弁護士「よけいなことは言わないでください。忙しいんですから。人の話はいいから、車がどのようにぶつかったかだけを教えてください。それ以外のことは話さないでください」

相談者「……」

弁護士と付き合いのある方はわかるだろうが、このような弁護士は少なくない。たしかに、この相談者は要領がよくないかもしれない。

しかし、このように会話をすべて遮られたら、相手はどう思うだろうか。「この弁護士は、私の言うことを何も聞いてくれない」と思うはずだ。決して、自分を大事にしてくれている、とは思わないだろう。自分のことを大事にしてくれない弁護士に、いったいだれが頼むだろうか。発言を遮られることは、とても苦痛なものである。

もちろん、相談者がすべてを話し終わるまで聞かなければならないとは私も思わない。しかし、毎回途中で遮っていたら、円滑なコミュニケーションを図ることはできない。

少なくとも、話し手が息継ぎするまではじっと聞くべきである。そして、息継ぎの瞬間、「なるほど、よくわかりました。ところで、車と車はどのようにぶつかったのか、図で書いてみていただけますか？」と聞けば、スムーズに会話がつながっていくだろう。そして、相談者も話を途中で遮られたとは感じないはずだ。

話すための口はひとつだが、話を聞くために二つも耳がついている。二つの耳を十分に活用し、相手の話を遮らないことである。

相手を説得するときも同様である。たとえば訴訟を起こしていて、判決に進むか和解をするかを決断しなければならないとする。弁護士としては、判決に進むよりも和解のほうが望ましい決着だとする。

弁護士「今回は、和解で決着したほうがいいと思いますよ。判決はリスクがあります。相手が払ってこなければ回収はむずかしいでしょう」

依頼者「こんな金額では納得できません。相手は私を侮辱したのですよ。前に先生には言いましたが、先日も……」

弁護士「今、そんなことを言っても仕方ありませんよ。判決か和解かを決めなければならないのです。リスクを考えると和解するべきです」

依頼者「そんなことでは、私はやられ損です。これが原因で、家庭でも不機嫌になってしまい、妻ともケンカが絶えず……」

弁護士「いや、今は家庭内は関係ありません。どちらが得かということです。判決でもいいですが、最終的にお金を取れなくても知りませんよ」

依頼者「なぜ、そんなことを言うのですか。先生は本当に私の味方なのですか!」

これでは、依頼者を説得することはできない。依頼者にしてみれば、「弁護士は、私の言うことを全然聞いてくれないし、大事にしてくれない。ちっともわかってくれていない」と感じてしまい、弁護士の説得に応じる気持ちにならないのである。ある程度は話を聞いてみることも必要だろう。

依頼者「こんな金額では納得できません。相手は私を侮辱したのですよ。前に先生には言いましたが、先日も道でばったり会ったのですが、相手のほうが悪いのに、あたかも私が悪いかのように悪態をついていったのですよ。信じられますか」

弁護士「それは、ひどいですね。反省のかけらもありませんね」

依頼者「そうでしょう。それが原因で、家庭でも不機嫌になってしまい、妻ともケンカが絶えず、その慰謝料ももらいたいくらいですよ。そういう慰謝料は取れないのですか」

弁護士「それは、二重に被害を被っていることになりますね。でも、残念ながら家庭内のような二次被害には、法律は立ち入らないのです」

依頼者「それなら仕方がありませんが。とにかく、私は我慢できないのです。判決でもいいと思っていますが」

弁護士「まったくです。判決になったときのことを考えてみましょう。判決をめざす場合、これからまだまだ訴訟の先は長いし、回収でも苦労しますから、相手とは今後も付き合っていかなければなりませんよ。長くなればなるほど、憎しみが湧いてきます。先ほどお聞きしたように、紛争が続けば続くほど、ご家庭でももめるのではないでしょうか。今以上に憎しみが湧いてきたらどうするのですか」

依頼者「たしかに、そうかもしれませんね。もう、私にはわかりませんから、先生にお任せしたいと思います。どうしたらいいと思われますか」

弁護士「それはですね……」

このように、依頼者の話を遮らず十分に聞くと、会話全体は、依頼者の気持ちや希望を前提に進むようになる。しかし、それと結論は別問題である。依頼者の希望を十分に聞いたうえで、それを反映させて結論を出すのである。依頼者としても、自分の考えを前提にして出された結論だから納得しやすいはずである。

人を説得したいときは、相手の話を遮らないことである。

意見を押しつけず、相手の発案だと思わせよう

物体は、ある方向に力を受けると、必ずその逆方向にも同じ力が働くものである。この法則は、人間の心にもあてはまる。他人から意見を押しつけられると、それと同じ力でその意見に反発したくなる。

しかし、同じ結論でも、自分で発案したのであれば、強力にその結論にしがみつく。人間のこの性質を利用しない手はない。

つまり、人を説得するときは、決してあなたの意見として相手に押しつけてはならない。うまく質問を挿入することによって、その結論が相手の発案だと思わせることである。あるいは、相手がそう考えるように誘導することである。そうすれば、相手は自分のためにその結論にしがみつくようになるだろう。

たとえば、14歳の子供に門限を守らせる場合を考えてみよう。親が決めた門限は午後10時である。子供は、親から押しつけられた門限にしぶしぶながらしたがうが、何とかそれを引き延ばそうとするし、しばしば門限を破ることもある。

「何度言ったらわかるんだ！　今度、門限を破ったら、小遣いを減らすぞ！」と言ってはみたものの、あまり効果はなく、かえって親子関係も悪化する始末だった。

そこで、次のような門限作戦を実施した人がいる。

その子供は、将来の夢が医者になることだった。そこで父親は、「お前は将来、医者になりたいんだったな」と聞いた。

子供「うん」

父親「医者になるには、勉強がたいへんだぞ。理系の勉強を一所懸命しておかないとな」

子供「わかってるよ」

父親「ところで、どんな医者になりたいんだ？」

子供「救急救命の仕事がしたい。僕は人の命を救いたいんだ」

父親「それはすばらしいことだ。しかし、救急救命の仕事をするには、相当優秀でないとなれないのではないかな」

子供「うん。だからがんばらないとね」

父親「医者の世界も、出身大学でだいたい決まってしまうらしいぞ。いい大学に入っておかないと、希望する仕事には就けないのが現実だ」

子供「ふーん。世の中ってむずかしいんだね」

父親「そうだよ。お前は今から夢を持っているのだから、何だって叶えられる。今から勉強して、いい大学に入って夢を実現すればいいじゃないか」

子供「まだ間に合うかなあ」

父親「当たり前だろう。勉強は努力だ。毎日コツコツと努力すれば、必ず成績にはね返っていい高校に入学でき、いい大学に入れるんだよ。そして、がんばれば、お前の夢である救急救命の仕事だってできるだろう」

子供「ようし。じゃあ、がんばろうかな」

父親「そうだ。応援してるぞ。そのためには、お父さんも何だって協力するぞ」

そして、その子はその後、勉強に打ち込んだと言う。自然に、帰宅時間も早くなったということだ。ここで注目したいことは、父親は、帰宅時間にはいっさい触れなかったことである。帰宅時間は、子供が勝手に考えて自分を説得して、早く帰宅するように決めたのである。

父親は、子供の帰宅時間が遅くなると、不良と付き合ったり悪いことをするのではと心配になるし、勉強もしなくなるから門限を定めたかった。

しかし、子供はそのようなことには興味がない。そこで、子供が早く帰宅したくなるように、子供の心にスポットをあて、自分自身で考えるようにし向けたわけである。

親から門限を決められた子供は、何とかしてそれを破ろうとするが、自分で自分のために門限を決めた場合は、何とかそれを守ろうとする。このように、持っていき方ひとつで、まったく逆の心理が働くことを憶えておくべきだろう。

5章

相手の心理を利用して説得しよう

質問するだけでも説得できる

古代ギリシャでは、人に問いを発することにより、人を説得してしまう偉大な説得者がいた。ソクラテスである。ソクラテスは、説得の世界において、従来は演説的説得方法が選択されていたところに、質問による説得方法を持ち込んだ先駆者である。

意見を押しつけるのではなく、質問を続けることによって、相手にこちらの望む回答をさせ、自ら反対の結論に到達させるという説得方法である。

裁判の醍醐味は、何と言っても反対尋問のシーンだろう。反対尋問によって、証人から重大な事実が引き出され、大逆転劇が行なわれる場合もある。本来、質問というのは、事実を聞き出すものである。

しかし、実は反対尋問というのは、自分に有利な証言を証人に強要するテクニックでもある。すなわち、われわれ弁護士は、訴訟に勝たなければならないという宿命を背負って、反対尋問に臨む。そこでは、**真実を明らかにすることは重要ではなく、自分の依頼人にとって有利な証言をさせることに最大の関心がある**。

したがって、自分の依頼人にとって有利な事実が、答えとして出てくるような質問内容、質問順序で反対尋問を行なうのである。

人間は、他人から意見を押しつけられて意見を変えることには猛烈に反発するが、自分で考えついたことについては、驚くほど簡単に意見を変えてしまうものである。そこで、質問による説得方法も、有効な説得方法であることがわかる。

具体的なイメージが湧かないと思うので、簡単な例で説明しよう。次のような問答を見ていただきたい。

質問者「国家は、国民すべてに対して公平であるべきであると思いますか?」
回答者「はい」
質問者「2人の別々の人がまったく同じ状況で、まったく同じ犯罪を犯した場合、2人に同じ刑罰を科すべきだと思いますか?」
回答者「はい」
質問者「ところであなたは、少年の凶悪犯罪を減らしたいと思いますか?」
回答者「はい」
質問者「少年であっても、罪を犯した場合には当然、その報いを受けるべきだと思いませんか?」
回答者「はい」
質問者「犯罪に対する刑罰は、軽いよりも重いほうが犯罪の数は減ると思いますか?」
回答者「はい」

質問者「あなたの娘さんが殺された場合、犯人が成年者か未成年者かによっては、あなたの悲しみは変わらないのではありませんか？」
回答者「はい」
質問者「すると、犯罪に対する刑罰は、成年と未成年とで差別する必要はないのではありませんか？」
回答者「はい」

ではここで、これと反対の結果を導いてみよう。

質問者「あなたは、少年の頃と今では考え方が変わっていますか？」
回答者「はい」
質問者「自分はずいぶんと成長したと思いますか？」
回答者「はい」
質問者「少年の頃の自分は、ずいぶん未熟で考えが足りなかったと思いますか？」
回答者「はい」
質問者「教育によって人間が変わる度合は、大人よりも少年のほうがかなり大きいと思いますか？」
回答者「はい」
質問者「大人は人間が形成されてしまっているので、教育によって人間が変わりにくいのではありませんか？」

回答者「はい」

質問者「少年は、まだ人間が未成熟であるため、教育によって人間が大きく変わるのではありませんか？」

回答者「はい」

質問者「そうすると、罪を犯した場合、少年は大人よりも教育によって大きく人間が変わり、更正する可能性があるのではありませんか？」

回答者「はい」

質問者「犯罪を犯した少年の場合は、単に刑務所に入れるよりも、社会から隔離したうえで教育を施し、将来の犯罪をなくして社会を防衛する必要があるのではありませんか？」

回答者「はい」

質問者「そのような観点から、少年犯罪に対して、大人と区別して少年法を規定するのは合理的だと思いますか？」

回答者「はい」

このように、質問の仕方によって、まったく逆の結論が導かれてしまう。これは、質問者は質問内容を一方的に限定できるからだ。質問を限定すると、回答は、その限定された質問の範囲内で答えなければならなくなるため、質問者の意図する方向に導かれてしまうのである。

もちろん、このトリックに気づけば、弁護士が法廷で「異議あり。誘導尋問です」というように、異議を唱えて反論することが可能である。

しかし、気がつかなければ、そのまま誘導されてしまうことだろう。私たち弁護士は、このような誘導尋問にはすぐに気がつくように訓練されているが、普通の会話でこれが行なわれるときは、意外に気づかれにくいものである。

質問説得法は、訓練を積めば有効な説得方法となる。しかも、結論を押しつけていることが気づかれにくい点でも有効である。

相手があなたを好きになれば、相手は言うことを聞いてくれる

相手を説得するのにもっとも有効な方法は、相手の好意を獲得することである。「何だ。当たり前じゃないか」と言われるかもしれないが、実に効果的な方法なので、あえて説明する。

アメリカの裁判は陪審制度だが、弁護士が魅力的で、陪審員の好意を獲得するほど勝訴率が高まると言われている。好意が持てる弁護士の言うことは説得力があり、意地悪そうな悪意に満ちた弁護士の言うことは信じられないのだと言う。

陪審員は、好き嫌いではなく、理性にしたがって、証拠に基づいて判断しなければならない

ことは、すべての人が理解している。理解はしているが、感情によって、そういう結論になりがちだということである。

アリストテレスは『弁論術』の中で、「人間は、愛しているときと憎んでいるとき、また怒っているときと冷静なときでは、それぞれ同じひとつの物が同じには見えず、まったく別の物に見えるか、またはかなり違う物に見える」と言っている。

たとえば、冷蔵庫に入っているジュースが半分だったとする。夫が「ああ。冷蔵庫のジュースが半分しかないな」と言ったとする。妻が夫を愛しているときは、「そうね。まだ半分あるからあなたが飲んで」と思うだろう。

しかし、愛をなくしていたら、「何よ。半分しかないから、私に買ってこいって言いたいの？　自分で買ってきなさいよ」と思うかもしれない。

だれでも、愛する妻から荷物を持ってくれと言われれば、喜んで頼みを聞き入れるが、たまたま道ですれ違った人に荷物を持ってくれと言われても、その頼みは聞き入れがたいものである。ジュリアス・シーザーは、「友からの求めほど、耳に心地よい音楽はない」と言っている。

したがって、相手を説得しようと思うなら、まずは極力、相手からの好意を獲得すべく努力をすることだ。外見に気をつけて身ぎれいにし、服装も清潔なものを身につけるように心がけることだ。

そして、相手に好意を持って接することである。心理学に、「好意の返報性」という原理がある。人間は、相手から好意を示されたときは、無意識にその人に好意的な印象を持ってしまうということだ。

逆に、「悪意の返報性」という原理もあり、相手から悪意を持って見られたときは、こちらも相手に対して悪意を抱いてしまうと言う。

そうやって、相手があなたに好意を抱いたなら、その相手に対する、あなたの説得力は格段に高まることだろう。

前提を決めて選択を迫ろう

他人との衝突を回避しようとする人は多い。もちろん、わざと他人と衝突しようとする人もいる。他人からの要求やお願いに対して、常に「ノー」と拒否することによって、自分の存在を確認しようとする人たちだ。

しかし大部分の人々は、他人との衝突を回避しようとする。他人が当然のことのように話をしているとき、それを遮って「ノー」とは言いにくいものだ。この心理を説得に利用しよう。

ここでは、催眠療法の「エリクソニアン・ダブルバインド」の原理を使う。彼女を二次会に誘いたいとき、①二次会に行くかどうか、②二次会に行くことを前提にして、バーにするかカラオケにするか、を考えているとする。

このとき、二次会に行くことを当然の前提として、「さて、じゃあ次はバーにする？　それともカラオケ？」と聞いてしまうテクニックである。こうすると、「二次会に行く？」と聞いてから、行くかどうかについて考えさせる場合と比較して、二次会に行く確率が高くなる。

これは、法廷用語では、**「誘導尋問」**と言う。本来は前提である、「あなたは二次会に行きますか？」という質問に対して、「はい」という回答があってから、はじめて「では、バーに行きますか？　それともカラオケ？」と聞かなければならないのに、二次会に行くことを当然の前提としているという意味で、結論を「誘導」しているのである。

誘導尋問は、誤った証言を導きやすいという意味で、法廷では「異議」の対象となる。逆に言えば、それだけ誘導尋問は有効なテクニックということだ。

これを説得場面でも使うことだ。

お金の回収をするとき、私はわざわざ債務者に対して、「あなたはお金を払う気がありますか？」などとは聞かない。そう聞くことで債務者は、「お金を払わないという道もある」ことを考えてしまうからだ。

だからそのようなときは、「あなたはお金を払う気がありますか？」などとは言わず、いきなり次のように切り出す。

「いつ、払ってもらえますか？」

「どうやって、お金を工面するつもりですか？」

「一括では無理でしょうから、3回分割で合意書をつくっておきますね」

このほうが、「お金を払う気がありますか？」と聞くより、回収率は断然高くなる。この方法は、お金の回収だけに限ったことではない。客に何かを買わせる場合も同様である。

生命保険の外交員が保険を勧めるとき、「この保険に入ってもらえますか？」などと聞いてはならない。保険に入ることを前提にして、話を進めることだ。

「死亡保険金は1億円にしますか？　それとも5000万円にしておきますか？」

「引き落としは、どの口座からにしますか？」

と言わなければならない。

賃貸マンションを借りてもらおうとする不動産業者は、「このマンションに決めますか？」などと確認してはならない。客がマンションを気に入ったようであれば、当然、そのマンションを借りる前提で話を進める。

「お気に召していただけたようですね。では、1階の管理人さんに挨拶だけでもしておきましょう」

「お引っ越しは、いつになさいますか？」

などと言わなければならない。

私が、学生時代に引越先のアパートを探していたときのことだ。不動産業者に二つの物件を案内してもらった。二つ目のアパートを見終わって、いったん不動産業者の会社に戻る途中、その不動産業者は、私に次のように言った。

「今、お兄さんが何を考えているか当ててみようか。さっきの物件と今の物件のどちらにしようか考えているんじゃないの？　今の物件のほうがいいと思うけどなあ」

私はその時点ではとくに決めておらず、ほかにも物件を見るつもりでいた。しかし、無意識のうちに、どちらかにしなければならないような気持ちになり、二番目に見た物件に決めてしまった。まんまとしてやられたわけである。

人間は、同時に反対方向に並行的に考えることが苦手である。相手から、前提を決めつけられて話をされると、その前提とは逆の前提に立った考えを、頭から排除してしまう傾向があるのだ。

だから、こちらの前提に立った会話をし、会話が終わったときには、署名だけすれば成立するような契約書や合意書をつくっておいて、自然の流れの中で相手に署名させてしまうことである。いちいち、反対の考えを思い出させる必要はない。こちらの思考に沿って、そのまま署名させてしまえばいいのだ。

そうすれば、相手が当初逆のことを考えていたとしても、いつの間にかこちらの思考に沿って考えさせ、契約成立にまでこぎ着けることができるはずだ。

人は期待を裏切れない

人は他人から期待されると、その期待を裏切らないように行動する傾向がある。例を挙げよう。

ある夫婦がいた。夫はまったく家事をせず、妻はいつも文句を言っていた。ある朝、夫がたまたま早起きをしたとき、どういう風のふきまわしか、ゴミを出しに行くことにした。すると、途中で近所の奥さんに会い、「あら、○○さん。ゴミ出しですか？　奥さんがうらやましいわ。うちのダンナなんて、今まで、一度もゴミ出しをしてくれたことがないんですよ」と言われた。夫は、たまたまゴミ出しをしたにすぎないのだが、思いもよらぬ高い評価を受けてしまった。しかし、次からまた妻にゴミ出しをさせてしまうと、せっかくの高評価が下がってしまうことになる。そこで夫は、やむなくその後もゴミ出しをすることになったそうである。

ここで、夫に行動を起こさせたものは自尊心である。近所の奥さんからの高評価を享受した夫は、その評価を下げられると自尊心が傷ついてしまうため、その評価に見合った行動をせざるを得なくなったのである。

このような習性を、説得にも利用しよう。

交渉相手に契約を守ってもらおうと思ったら、「この交渉を通して、あなたという人間が完全に信頼できることがわかりました。これだけ信頼できる交渉相手にお会いしたのは初めてです。この契約も、必ず実行されると確信しています」と言えばいい。相手は、契約を破ったときに浴びせられる軽蔑のまなざしを恐れて、信頼できる人間を演じようとするはずだ。

部下に、仕事で細かいところまでチェックしてもらいたければ、「いつも、細かいところまでチェックしてくれるから助かるよ」と言えばいい。すると部下は、その評価を下げたくないために、一所懸命細かいところまでチェックしてくれるようになるはずだ。

子供に宿題をやらせたければ、たまたま宿題をやったチャンスを逃さず、「○○は宿題をきちんとやって偉いなあ。遊びと勉強を、ケジメをきちんとつけてやっているところが偉い。父さんの自慢だよ」と言えばいい。すると子供は、その期待に添うようにがんばってくれるようになるはずだ。

人を非難することは簡単である。しかし、他人への非難は自分自身も嫌な気分になり、言われたほうも嫌な気分になる。それでいて効果は薄い。押しつけでは人は動かない。目的は、相手に自ら動きたいという気持ちを起こさせることである。

もし、相手に変わってほしければ、相手がすでに変わってほしい状態になっていると認めてやることである。それで相手は、その評価を落とすことを恐れて、その期待に応えてくれることだろう。

昔、ある少年事件を担当した。高校生が、集団で大人を暴行した傷害事件である。いわゆる

「オヤジ狩り」というやつだ。暴行をした少年のうちの1人を弁護した。少年には非行歴もあり、いわゆる不良だった。高校の成績も悪く、近所では悪さを繰り返していた。傷害事件でも、積極的に暴行に加わったようである。

警察でも態度が悪く、そのままでは、家庭裁判所の調査官の面接でも悪い印象を与えかねなかった。そうなると、少年院行きも覚悟しなければならない。

しかし、その少年は長男であり、弟の面倒見もよく、仲間内でも信頼が厚かった。傷害事件も、仲間が突然襲いかかったため、自分もやらざるを得なくなったと言う。つまり、仲間との信頼関係を、見ず知らずの被害者の身体の安全よりも重視してしまったということだ。

そこで私は、少年に対して、「本当は、暴力を振るうつもりなどなかったのではないか?」と聞いてみた。少年は驚いていたが、「あいつらが気に入らなかったから殴ったんだよ」と言った。

私は、少年の両親が少年について、とても責任感がある子だと、自信を持って言っていたこと、仲間内でも責任感があって信頼されているということを言い続けた。少年は高校生ではあるが、仲間思いであり、責任感にかけては大人であるとも話した。

少年は、当初は否定していたが、いろいろな例を挙げて話していくうちに、まんざらでもなさそうな態度になってきた。そして、自分が仲間思いであり弟思いであること、両親も助けていきたいということなどを少しずつ話しはじめた。

私は、少年の責任感を尊重しながら、私が感じている責任感について話をした。少年にとって、仲間に対する責任はきわめて重要だが、私は社会に対する重い責任を負っていることを話した。少年の両親が、子供に負っている責任についても話した。少年はしだいに、責任感といっても、さまざまな観点からの責任があることを理解してくれるようになった。

私たちは責任について話し合い、私は少年に対して、「この事件も、君が起こした行動に対する責任があると思うが、きちんと責任感を持って対応するつもりか？」とたずねた。少年はもちろんだ、と胸を張って答えた。

その後、家庭裁判所の調査官による面接調査があったようだが、あとで調書を見る限り、少年は、事件についての責任をしっかりと自覚し、後悔と将来への更正を誓っていた。少年は、責任感のある人間だと期待をかけられ、その期待に応えたわけである。少年が同じ過ちを繰り返すことはないと信じている。

言質を取って追い込む

これは、われわれ弁護士が得意とする手法である。また、法廷での反対尋問においても多用される手法である。

次の例は、証人が「Aさん」に会ったのが1999年であり、その後、証人と「Aさん」で、原告を騙す計画をして実行したということを証明しようとしている場面である。証人は、Aさんと初めて会ったのは2000年の10月だから、それはあり得ないと主張している。

弁護士「あなたが、Aさんに初めて会ったのは、いつですか？」

証人「2000年の10月です」

弁護士「どこで会いましたか？」

証人「帝国ホテルのラウンジで会いました」

弁護士「ほかにだれがいましたか？」

証人「私の仕事のパートナーのBさんがいました」

弁護士「あなたは、Aさんとどうやって知り合ったのですか？」

証人「Bさんから紹介してもらいました」

弁護士「どういうきっかけで紹介されたのですか？」

証人「その頃、私は、ビルの立ち退きで困っていたのですが、Aさんが、立ち退き関係にくわしいということで紹介されました」

弁護士「なるほど。その立ち退きは、いつから問題が持ち上がってきたのですか？」

証人「2000年の8月頃です」

弁護士「では、立ち退き問題はどうなりましたか？」

証人「2001年の4月に決着がつきました」
弁護士「今から4年前ですね」
証人「はい」
弁護士「立ち退きをして、その後、どこに移りましたか?」
証人「今の事務所に移りました」
弁護士「それから4年で間違いありませんか?」
証人「はい。間違いありません。一昨年、賃貸借契約の更新がありましたので」
弁護士「その立ち退き問題で、Aさんは、どういう役割を演じましたか?」
証人「私の代理人として、いろいろとお骨折りをしていただきました」
弁護士「そういう立ち退き問題があったから、Aさんとの出会いもよく覚えているということでよろしいですか?」
証人「そうです」
弁護士「ビルの立ち退き問題があったのが、たしかに2000年8月であって、その問題が発生した2ヶ月後である2000年10月に、Aさんと初めて会ったということで間違いありませんね」
証人「間違いありません」
弁護士「こちらの主張では、あなたはAさんと1999年に知り合っているはずなのですが、今までの証言で記憶違いはありませんか？」

証人「それはあり得ません。Aさんを紹介してくれたBさんと知り合ったのが、2000年になってからですから」

弁護士「ところで、この書類に見覚えがありますか？」

その書類は、金銭消費貸借契約書であり、1999年7月に、証人が商工ローンから借入をした際、Aさんが連帯保証人になった事実を証明する書類である。原告も、証人が商工ローンで借入をした際に連帯保証人になったことがあり、その関係で、商工ローンと返済の話し合いをする過程で入手したものだった。

弁護士は証人に対して、しつこいほど立場を固めさせ、あとで突きつける契約書の内容との矛盾を説明できない状態に追い込んでいる。ここまでいけば勝負ありである。証人の他の証言の信用性もなくなるだろう。

言質を取るテクニックは、さまざまな場面で効果を発揮する。

男が、一家の代表として家を買いに来ているとき、「ご主人が、お1人で家をお探しになっているのですか？　ご家族の中での最高の決定権限をお持ちなのですね。うらやましいことです。家を買うときに、奥様にご相談なさらなくていいのですか？」と聞く。

男が、「やはり、大きな買い物は男が決めないとね」とでも言おうものなら、「すばらしい。尊敬に値します。お買いになるのでもならないのでも、決定権限をお持ちのお客様ですから、明確な意思表示がいただけるということですね」とたたみかける。これで、いざとなったときの「ちょっと妻に相談しないと」という断りの言い訳を防ぐことができる。

また、ヤクザは言質の取り合いで議論をする。組の内部で、CとDとの間で出世争いがあったとする。千葉県の土地の地上げをだれが担当するかというところで、Cが評価を上げようとして、そのシノギを獲得しようとしていた。「私に任せてください。必ず地上げしてみせます」

すると、Dはそれを逃さず、「Cよ。男がそこまで言うんだ。さぞ自信があるんだろうな」と詰める。Cは「当たり前だ」と答える。そこでDは、「じゃあ、このシノギはお前に譲ろう。しかし、そこまで唾吐いたからには、しくじったら指の1本も詰める覚悟があるんだろうな。そんな覚悟もなしにそんなこと言わねえだろうな」と詰めていく。

ここでCが、「当たり前だ。見ていろ」と言ってしまうと、しくじったときに指を詰めざるを得なくなる。

しかし、指詰めを恐れて、「そ、それは……」などと言ってしまうと、Dに「そんな覚悟もないのにタンカ切るんじゃねえ。意気地なしが！」とバカにされ、仕事を持って行かれる可能性がある。このようにして、言質を取って追い込んでいくのである。

ただ、本書の読者がこのような言質を取られてはならないので、その破り方を書いておく。ひとつは質問に答えず、「それだけ詰めてくるってことは、俺がうまくいったときには責任取るんだろうな。地上げできた日には、組を抜けるって誓えるのか？」と逆に詰める。

これには相手も圧力を感じるはずだ。ヤケになって、「じゃあ、賭けてやる。その代わり、しくじったら必ず指を詰めろよ」と言ってきたら、「本当に組を抜けるんだな。男に二言はないんだな」と詰める。Dが「当たり前だ。お前もわかってるだろうな」と言ってきたら、「さすがは、男の中の男だな。俺は、もししくじったら、3日間事務所の便所掃除をやらせてもらうぜ。これで賭けは成立だ」と言ってすかしてやればいい。

もうひとつは、責任転嫁を図ることである。「組のシノギを賭けの対象にするとは、いったいどういう了見だ。だれがこのシノギをするかを決めるのはオヤジ（組長）だ。お前は、組長の決断を賭けの対象にするって言うのか」

このような言質の取り方に対抗する手段は、ほかにもいくらでもある。しかし、言質を取られてしまうと、それにしたがわなければならないと信じる人は多い。だから、なるべく相手の言質を取って、それと矛盾する態度が取れないように追い込んでいくのである。

反論されたらチャンス！

人を説得をしていると、反論されることがある。反論されるとそこで行き詰まり、物別れに終わるのではないかと心配する人がいる。しかし、それは逆である。もし反論されたら、逆にチャンスだと思うべきである。

なぜなら、反論されるということは、その反論した理由によって、自分は同意しないことを表明してしまっているからだ。その論拠がなくなれば、反対する理由がなくなったと考えていい。

そもそも説得とは、相手が同意していないものについて同意させることである。反論があるのは当たり前なのだ。反論に対処できないようでは、人を説得することなどできない。

これは、とくにセールスの場面であてはまることが多い。

自動車のセールスでギネスブックにも載った、驚異的なセールスマンであるジョー・ジラードは、セールスにおける反論について、次のようなものを挙げている。

1　お金がない
2　パートナーと相談したい
3　知り合いがこの業界で働いている
4　他を見て回りたい
5　カタログをもらえたら、検討してまた連絡する
6　おたくの商品を買いたくないのは……
7　持ち合わせがない
8　一晩考えさせてほしい

ジョー・ジラードは、これらすべてにおいて反論を用意している。その詳細は、彼の著書『世界一の「売る!」技術』(フォレスト出版)に譲るが、要点だけを説明しよう。

1 お金がない

この反論は、要するに、客がまだその値段に見合う価値をこの商品に認めていないか、あるいは本当にお金がない場合である。本当にお金がないと見抜いたときは、より安い商品を勧めるべきだが、そうでない限りは、客がこの商品を値段以上の価値があると思えるように説得するべきである。

2 パートナーと相談したい

この反論については、決定権限を持つすべての人にセールスプレゼンテーションに参加することをあらかじめ要求する。それは、次のように要求する。「水曜の午後3時15分ちょうどにオフィスにうかがいます。その際、意志決定に必要な方、すべてにご出席していただけるよう、ぜひお願いいたします」と言う。

もし相手が、「私がそうです」と答えたら、「決定権をお持ちの方ご本人にお会いできて何よりです」と言うことを推奨する。これは、相手を「自分で決定しなければならない」立場に追い込むためである。

3 知り合いがこの業界で働いている

この場合は、その客の根本的な欲求が、①自分の利益になることとか、あるいは、②とにかく知り合いに仕事を回すことか、を判断する。そして、自分の利益になることが根本的な欲求であるならば、次のように言うことを勧める。

「知り合いの方へのお気持ちもわかりますが、その方だけがよい提案を持っているわけではありませんから」

そして、次のように言って関係を保てと言う。「私が一番したいことは、チャンスが訪れたときにお客様にご紹介することです。……いずれにしても、お客様のお知り合いも私も、お客様の資産を増やすお手伝いをするという目的は同じですから」

4 他を見て回りたい

この場合は、もっと安いところがあるのではないか、という客の欲求だと分析している。そこで、他にはこれ以上安いところはないのだと証明すると言う。具体的には、客の目の前で、その安いというディーラーに電話をかけて、どちらが安いかを証明すると説明している。これは、安さに自信があるときに限られるだろう。

5 カタログをもらえたら、検討してまた連絡する

この反論には、基本的には、「カタログには、私の代わりは務まらない！」という強い信念を打ち出すべきである。カタログでセールスマンの代役が務まるのであれば、セールスマンは不要である。それを客に理解させるべきである。

6 おたくの商品を買いたくないのは……

この反論が出たら、まず、「その点をクリアしたら、買ってもらえますか？」と相手を封じ込める。その後、その反論がクリアされることを証明すると言う。そうすると客は、買うと約束した以上、断ることはできないと言う。

7　今は、持ち合わせがない

この場合は、相手の良心に訴えかけると言う。本書でも説明しているが、相手を信頼していることを伝え、その期待が裏切られることはないことを信用している旨を理解させるのである。そうすると、相手はその期待に応え、契約を取り消すことはないと言う。

8　一晩考えさせてください

このようなセリフを、世界一のセールスマンであるジョー・ジラードは、人間が決断を先送りにする傾向の表われであると分析している。つまり、間違った決断をするくらいなら、問題を先送りにして、何もしないという楽な道を選ぶというのである。

セールスマンとしては、このようなときに、客の先延ばしにしようという考えにしたがうことは、真に客のためにはならないと説く。客に決断をさせてあげることこそがセールスマンの役割であり、客に決断をさせたときはよいことをしたのだと信じていると説いている。また、クロージングの一例として、次のような会話テクニックを挙げている。

「もう、2時間も話をして、これがぴったりの車だということはわかっているじゃありませんか。それにお値段も申し分ないでしょう。今日、買わない理由はありませんから、私のお客様にならずにお帰りいただくわけにいきません。さあ、今すぐ契約書にサインしていただけますね？」

さすがは、ギネスブックに載った超人的セールスマンである。テクニックというより、圧倒的な自信と言うべきだろう。客は絶対に買うものだと信じ込み、むしろ買わないほうがおかしいという思考のもとに、すべてのセールストークが組み立てられている。

そのような圧倒的な自信や信念というべきものは、必ず客にも伝わり、客もセールスマンの信念に引きずられて購入してしまうものである。

お返しをしたくなる心理

弁護士は、相手方に請求をするとき、過大とも思えるほどの最大限の請求をすることがある。それだけの請求が認められるとは思っていないときも、である。これは、もちろん考えつく限りの請求をしておかないと、すべて認められたときに困るからということもある。しかしもうひとつ、交渉を有利に進めるテクニックという意味もある。

弁護士は、最大限の請求をしておいて話し合いを続けながら、徐々に譲歩を積み重ねていく。そして、自分が譲歩したときには、相手にも譲歩を迫る。こうして、しだいに落とし所に近づけていくのである。

これは、心理学上の「返報性の原理」に基づく戦略である。「ドア・イン・ザ・フェイス・テクニック」とも言う。つまり、人間は相手から何かを与えられたとき、それに対してお返しをしなければならないような気持ちになることを言う。人からプレゼントをもらうと、だれでもお返しをしたくなる。人から嫌われた場合は、自分も相手を嫌いになるはずだ。

そこで弁護士は、ひとまず最大の請求をしておいて、譲歩をすることによって相手の譲歩を引き出そうとするわけである。損害賠償請求などで、一方が他方に5000万円を請求したとする。他方は、1000万円なら支払うと言う。その後は、たとえば次のように進む。

原告「裁判をせずに解決するなら、4000万円までは譲歩しましょう」

被告「こちらも早期に解決するなら、2000万円まで譲歩しますよ。それで決着しましょう」

原告「仮に、一括で支払ってくれるなら、3500万円で手を打ちましょう」

被告「支払を3ヶ月後にしてくれるなら、2500万円まで上げましょう」

このように、双方が最大、または最小の提案をし、それに基づいて相互に譲歩をし合いながら溝を埋めていくのが通常の交渉である。

そして、一方が譲歩したにもかかわらず、他方が譲歩しないときは、「こちらばかり譲歩してはいられません。なぜ、あなたは譲歩しないのですか。それでは解決がつかないじゃありませんか」などと、「返報性の原理」が当然と言わんばかりの主張が出てくることもある。

もちろん、このようなときは、「あなたがしているのは譲歩ではない。そもそも過大な請求をしたのを是正しているだけだ。こちらは譲歩する必要はない」と反論することになる。

限定を失う恐怖

時間や数量を限定してしまうというのも、有効な説得技術である。

「本日限りの特売」
「10日で申し込みは締め切ります」
「先着100名様のみの販売」

などと、時間や数量が限定されてしまうと、とたんにほしくなるのが人情である。人間は、いつでも手に入ると思えばそれほどほしいと思わないが、時間や数量を限定されてしまうと、手に入ると思っていたものが手に入らなくなる恐怖を感じる。そうすると、とたんに得がたい価値あるものと感じてしまうのである。

弁護士も、相手方と交渉するとき、「本日中に話がまとまるのであれば、この金額でけっこうですが、交渉が決裂するときは、この提案は撤回させていただき、利息と遅延損害金を含めて請求させていただきます」と言う。

すると、今「イエス」と言ってしまえば手に入る結果が、明日は得られなくなるという恐怖を感じて、「イエス」と言いたい衝動にかられるわけである。

これは、何かを売ろうとしているとき、きわめて有効な手法となる。

「この家がお気に召したのであれば、今すぐ、お申し込みをなさることをお勧めいたします。これだけの家ですから、本日午後にもこの家を見にいらっしゃる方がいます。そこで申し込みをされてしまうと、もうこの家は他人のものになってしまいます」

「本日がキャンペーンの最終日です。明日からは、しばらく販売を中止し、その後、価格を値上げしての販売となります。この金額で購入できる本日をおいて、チャンスはもうありません」

「この商品は、○○○の記念で発売されたものであり、今後、新たに生産されることはありません。あと10個だけの限定販売です。今を逃すと、一生手に入りません。後悔しないよう、お求めになることをお勧めいたします」

このように言われると、どうしてもほしくなってしまう。そのような人間心理を利用しよう。

弁護士が依頼者に和解を勧めるときも、このテクニックを使うことがある。

「今、この金額で和解すれば、1週間後にはあなたはお金を手にすることができます。しかし今日、この金額を拒否してしまうと、裁判になります。裁判になると、1年は覚悟していただかなくてはいけません。金額もだいたいこのくらいでしょう」

もちろん、和解のほうが有利な場合にしかこのような説得はしないが、やはり限定されると、失う恐怖に抗しづらくなってしまうのである。
自分の自由を束縛されたとき、人間は、その自由を回復したくて仕方がなくなるのである。

マッチポンプ説得術とは

マッチポンプ説得術も、きわめて有効な説得技術である。これは、現状の問題点を顕在化させたり不安を煽ることによって欲求をつくりだし、それに解決策を示して説得する方法である。通信販売のCMなどはこの手法を多用している。

たとえば、腹筋鍛錬の器具を販売する場合は、お腹のたるんだモデルの状態を見せ、それを改善する仕組みを分析し、それが商品の購入によって解決できるかのように見せて説得していく。それによって視聴者は、自分のたるんだ腹筋への不満が顕在化し、商品によって腹筋が引き締まるのであれば、それがほしいという欲求が生まれることになる。

人間は、放っておいても現状の問題点や不安はあるものだが、改めて明確な形でそれを示されると、それがはっきりと顕在化してくるものである。

そして、何とかそれを解決できないかという欲求が生まれてくる。そこで、その解決策を示すことができれば、飛びついてしまうわけである。

生命保険の勧誘をするのであれば、死亡率や事故のニュースなどを示し、いつ生命の危険があるかもしれないこと、そのときに収入が途絶えること、家族が路頭に迷うことなどを示して不安を煽り、生命保険への加入がその解決策になる、と説得する。

美顔器の販売であれば、お客の肌が荒れていることを指摘し、簡単な試験で証明し、このままでは将来的に肌が危険な状態になること、あるいは醜い状態になってしまう危険性があることを具体的にイメージさせて不安を煽り、その結果が美顔器で解決することを示す。

資金繰りが苦しい会社の社長に、債務整理ないしは破産を決意させる場合、弁護士は、このまま放っておくと、最後は自分の私財も使いはたし、会社は倒産、家族は離散、怖い金融屋が乗り込んできてたいへんなことになってしまうことを説明し、現時点での債務整理ないし破産によってそれが防げることを説明し、納得を得る。

説得と言うと、商品や説得対象の利点ばかりを強調したくなるが、ここでのポイントは、問題点の顕在化、あるいは不安を煽ることである。人間は、現状の問題点には気がついていても、わざと目をそむけようとするものである。

臭い物には蓋をするというわけではないが、現状の問題点から目をそむけることによってストレスがたまることを防ぎ、心の安定を図ろうとするのである。

このマッチポンプ説得術は、このような人間の性質に対して、現状を冷静に認識させ、不安を浮上させて説得しようとするものである。

自信に溢れた態度で話そう

目には見えないが、はっきりしていることがある。それは、「自信は伝染し、自信がないことも伝染する」ということである。相手は、あなたに自信があるかどうかを的確に見抜いてしまう。見せかけだけの自信は、即座に見抜かれてしまう。

しかし、あなたが自信に溢れた態度で話をしていれば、相手はそれを信じる。逆に、あなたが自信がなさそうな態度で話をしていれば、相手はその話を信じることに自信が持てなくなる。その結果、決して相手を説得することはできないだろう。

弁護士は、法律の専門家として依頼者から法律相談をされるが、弁護士が自信を持って回答しているかどうかは、依頼者には一目瞭然である。弁護士が自信なさそうに回答した結果を前提に行動することがいかに怖いことか、想像してみていただきたい。依頼者は、間違いなく、別の弁護士のところに相談に行くことだろう。

裁判所でも同様である。弁護士が、法廷で自信を持って自分の主張を展開していると、説得力があり、いかにも正しいように思えてくる。しかし、自信がなさそうに主張を展開していると、やはりどうしても説得力を感じることができない。

自信を持った態度には、抗しがたい説得力がある。だから、人を説得しようとするときは、絶対の自信を持って行なわなければならない。

ゲーテの『ファウスト』では、「自信を持つと、他人の信頼も得る」と言っている。自信がない状態で説得しようとすると、相手にその自信のなさが伝染し、決断をする自信がなくなり、決断することができなくなってしまう。

では、自信を持って話をするには、どうすればいいのだろうか。オランダの画家であるゴッホの言葉にヒントがある。

「確信を持つこと。いや、確信を持っているかのように振る舞うこと」

つまり、仮に自信がなくても、自信に溢れているかのような態度をとることだ。人間は、うれしいときは表情が明るくなるし、悲しいときには暗くなる。内心の変化は表面に表われるからだ。

しかし、内心とは関係なく行動を変えることによって、内心を変えることができることをご存じだろうか。うれしくなくてもうれしそうな態度をとっていると、いつの間にか心も明るくなってくる。また、心が沈んでいても、わざと颯爽と歩いていると、心がいつの間にかはずんでくる。

つまり、心は行動によって、ある程度コントロールすることが可能なのである。これを、心理学では「認知的不協和解消理論」と言う。

つまり人間は、内心と行動に矛盾が生じている場合には、その矛盾を苦痛と感じ、内心と行動を統一しようとする傾向があるのだ。

だとすると、内心、自信がなくても、外見上、自信たっぷりに振る舞うことによって、内心を外見に一致させることができるようになる。つまり、自信たっぷりに振る舞うことによって、本当に自信がついてくるというわけだ。

もしできないとすると、それは自分でセーブしてしまっているからだ。自信がない状態を自ら望んでいるのである。自分自身を解き放とう。自分は自分でコントロールできるはずだ。

そして、自信に満ち溢れた態度で説得しよう。そうすれば、人は必ず納得するはずである。

あとがき

人間の心は複雑である。そして一人ひとり、異なる心を持っている。

「こう説得すれば、必ず説得できる」とか「こうやって交渉すれば、必ず有利になる」といった解は存在しない。もちろん、本書でもそのような解は提示していない。

本書では、私自身が弁護士経験を通して得た、交渉と説得の原理原則を提示したつもりである。原理原則はマニュアルではない。基本である。

人は、他人を説得しなければならない場面や交渉が必要な場面に遭遇すると、緊張して自分のことばかりにとらわれてしまう、という傾向がある。そのようなとき、本書の原理原則を思い出して意識することで、そのような呪縛から解き放たれるだろう。

ところで、本書を読まれた感想はそれぞれだと思う。

「そんなことは当然じゃないか。とっくに実践しているよ」――このような人には、もう私からは何も言うことはない。

「へえ、なるほど。言われてみればそうだなあ」――このような人は、繰り返し本書をお読みいただきたい。そして、根底に流れる感覚をつかみ取って、自分のものにしていただきたい。

「そんなことで、交渉や説得がうまくいくはずないだろう。でたらめだ」――もちろん、こう感じる人もいるだろう。

私は、本書の内容があらゆる人に適用されることを念頭に置いていない。本書の交渉や説得の原理原則が、まったく当てはまらない人がいてもおかしくはない。しかし、このように感じる人の中には、残念ながら本書の内容が十分理解できずに読み終えてしまった人もいるように思われる。

なぜなら本書では、一部において発想の転換を迫っているからだ。そして、ここがもっとも重要なところである。

重要なことは、自分だけの偏見に満ちた世界から解放されることである。交渉しなければならないとき、自分のことばかりにとらわれないことである。「勝ちか、負けか」という二者択一的思考にとらわれないことである。そこからすべてがはじまるからだ。

人間は、自分自身が偏見に満ちていることを認めることには、大きな苦痛を感じるものである。しかし、ここを乗り越えなければ、交渉や説得の能力が向上することは期待できないし、論理的思考も身につかないと考えている。

私は現役の弁護士として、日々、交渉と説得を繰り返しているが、それでもいつも新しい気づきがある。今後とも、よりいっそうの努力をしていきたい。

最後に、あなたが交渉と説得の技法によって、幸せで実り多き人生を切り開いていくことを切望する。

著者略歴

谷原　誠（たにはら　まこと）

1968年生まれ。1991年司法試験合格。25歳で弁護士になり、その後十数年間、多数の事件、紛争を解決に導く中で、説得と交渉の技術に磨きをかけてきた。「まぐまぐ」から発行するメルマガ「弁護士がこっそり教える絶対に負けない議論の奥義」（ID0000143169）は、読者数約２万人（2005年10月現在）。

著書として、『意のままに人を動かす心理技術』（ＫＫベストセラーズ）、『社長！個人情報、その取り扱いはキケンです。』（あさ出版）などがある。

趣味は合気道。

講演、取材、執筆などのご依頼は下記まで。
みらい総合法律事務所
東京都千代田区麹町2-3
麹町プレイス２階　Tel. 03-5226-5755
http://www.mirailaw.jp/
tanihara@mirailaw.jp

現役弁護士が書いた
思いどおりに他人を動かす　交渉・説得の技術

平成17年11月11日　初版発行
平成21年７月27日　６刷発行

著　者　谷　原　　誠
発行者　中　島　治　久

発行所　同文舘出版株式会社
東京都千代田区神田神保町1-41　〒101-0051
電話　営業03（3294）1801　編集03（3294）1803
振替　00100-8-42935　http:www.dobunkan.co.jp

 ISBN4-495-56911-2
印刷／製本：東洋経済印刷　Printed in Japan 2005